Arome din Asia

O călătorie culinară prin bucătăria autentică a Orientului

Ying Wu

rezumat

Crap dulce-acru	*9*
Crap cu tofu	*11*
Rulouri de pește cu migdale	*13*
Cod cu muguri de bambus	*15*
Pește cu muguri de fasole	*17*
File de pește în sos brun	*19*
Prăjituri chinezești de pește	*20*
Pește prăjit crocant	*21*
Cod prajit	*22*
Cinci pești condimentați	*23*
Bețișoare de pește parfumate	*24*
Pește cu cornibii	*25*
Ghimbir picant Cod	*26*
Cod cu sos de mandarine	*28*
Pește cu ananas	*30*
Rulouri de pește cu carne de porc	*32*
Vin de orez peste	*34*
Pește rapid prăjit	*35*
Pește cu semințe de susan	*36*
Biluțe de pește la abur	*37*
Pește marinat dulce-acru	*38*
Pește cu sos de oțet	*39*
Anghilă prăjită	*41*
Anghilă Fiertă Sec	*42*
Eel cu telina	*44*
Ardei Umpluți Cu Eglefin	*45*
Eglefin în sos de fasole neagră	*46*
Pește în sos brun	*47*
Cinci pești condimentați	*48*
Eglefin cu usturoi	*49*
Pește picant	*50*
Ginger Haddock cu Pak Soi	*52*

Impletituri de eglefin 54
Rulouri de pește la abur 55
Halibut cu sos de rosii 57
Monkfish cu broccoli 58
Mollet cu sos gros de soia 60
Peștele din Lacul de Vest 61
Cambulă prăjită 62
Cambulă la abur cu ciuperci chinezești 63
Cambulă cu usturoi 64
Cambulă cu sos de ananas 65
Somon cu tofu 67
Pește marinat prăjit 68
Pastrav cu morcovi 69
Pastrav prajit 70
Pastrav lamaie 71
ton chinezesc 73
Fripturi de pește marinate 75
Creveți cu migdale 76
Creveți cu anason 78
Creveți cu sparanghel 79
Creveți cu Bacon 80
Biluțe de creveți 81
Creveți la grătar 83
Creveți cu lăstari de bambus 84
Creveți cu muguri de fasole 85
Creveți cu sos de fasole neagră 86
Creveți cu țelină 88
Creveți prăjiți cu pui 89
Creveți chili 90
Creveți Chop Suey 91
Creveți Chow Mein 92
Creveți cu Dovlecel și Lichi 93
Creveți cu Crab 95
Creveți cu castraveți 97
curry de creveți 98
Curry de creveți și ciuperci 99

Creveți prăjiți *100*
Creveți aluați prăjiți *101*
Găluște De Creveți Cu Sos De Roșii *102*
Cupă cu ouă și creveți *104*
Rulouri de icre de creveți *105*
Creveți din Orientul Îndepărtat *107*
Foo Yung Creveți *109*
Chips de creveți *110*
Creveți prăjiți în sos *112*
Creveți poșați cu șuncă și tofu *114*
Creveți cu sos de litchi *115*
Creveți cu mandarine prăjite *117*
Creveți cu Mangetout *118*
Creveți cu ciuperci chinezești *120*
Creveți și mazăre prăjiți *121*
Creveți cu chutney de mango *122*
Biluțe de creveți prăjite cu sos de ceapă *124*
Creveți Mandarine Cu Mazăre *125*
Creveți Peking *126*
Creveți cu ardei *127*
Creveți prăjiți cu carne de porc *128*
Creveți prăjiți cu sos de sherry *130*
Creveți de susan prăjiți *132*
Creveți prăjiți în coajă *133*
Creveți prăjiți *134*
Tempura de creveți *135*
Sub Guma *136*
Creveți cu tofu *138*
Creveți cu roșii *139*
Creveți cu sos de roșii *140*
Creveți cu sos de roșii și chilli *141*
Creveți prăjiți cu sos de roșii *142*
Creveți cu legume *144*
Creveți cu Castane de Apă *145*
Găluște de creveți *146*
Abalone cu pui *147*

Abalone cu sparanghel *148*
Abalone cu ciuperci *150*
Abalone cu sos de stridii *150*
Scoici la abur *152*
Scoici cu muguri de fasole *153*
Scoici cu ghimbir si usturoi *154*
Scoici la tigaie *155*
Prajituri cu crab *156*
Crema de crab *157*
Carne de crab cu frunze chinezeşti *158*
Crab Foo Yung cu muguri de fasole *159*
Crab ghimbir *160*
Crab Lo Mein *161*
Crab prajit cu carne de porc *163*
Carne de crab prăjită *164*
Chiftele de sepie prăjite *165*
homar cantonez *166*
Homar prajit *167*
Homar la abur cu sunca *167*
Homar cu ciuperci *168*
Cozi de homar cu carne de porc *169*
Homar la tigaie *172*
Cuiburi de homar *173*
Midiile in sos de fasole neagra *174*
Midii cu ghimbir *175*
Midii la abur *176*
Stridii prăjite *177*
Stridii cu Bacon *178*
Stridii prăjite cu ghimbir *179*
Stridii cu sos de fasole neagră *180*
Scoici cu muguri de bambus *181*
Scoici de ou *183*
Scoici cu broccoli *184*
Scoici cu ghimbir *185*
Scoici de şuncă *186*
Scoici omletă cu ierburi *187*

Scoici și ceapă sote *188*
Scoici cu legume *189*
Scoici cu ardei *192*
Calamari cu muguri de fasole *193*
Calamar prajit *194*
Pachete de calmar *195*
Rulouri de calmar prăjit *197*
Calamar prajit *199*
Calamari cu ciuperci uscate *200*
Calamari cu legume *201*
Carne de vită înăbușită cu anason *202*
Carne de vită cu sparanghel *203*
Carne de vită cu muguri de bambus *205*
Carne de vită cu muguri de bambus și ciuperci *206*
Carne de vită chinezească la fiert *208*
Carne de vită cu muguri de fasole *209*
Carne de vită cu broccoli *211*
Carne de susan cu broccoli *213*
Carne de vită la grătar *215*

Crap dulce-acru

Pentru 4 persoane

1 crap mare sau pește similar
300 g / 11 oz / ¬œ cană făină de porumb (amidon de porumb)
250 ml / 8 fl oz / 1 cană de ulei vegetal
30 ml/2 linguri de sos de soia
5ml/1 lingurita sare
150 g / 5 oz / cană zahăr grămadă ¬Ω
75 ml / 5 linguri de otet de vin
15 ml / 1 lingura vin de orez sau sherry uscat
3 cepe de primăvară (cepa), tocate mărunt
1 felie radacina de ghimbir, tocata marunt
250 ml / 8 fl oz / 1 cană apă clocotită

Curățați și scufundați peștele și scufundați-l câteva ore în apă rece. Scurgeți și uscați, apoi marcați fiecare parte de mai multe ori. Rezervați 30 ml/2 linguri de făină de porumb, apoi amestecați treptat suficientă apă în făina de porumb rămasă pentru a face un aluat tare. Ungeți peștele cu aluat. Se incinge uleiul pana este foarte fierbinte si se prajeste pestele pana devine crocant pe exterior, apoi se reduce focul si se continua prajirea pana se inmoaie pestele. Între timp, amestecați făina de porumb rămasă, sosul de soia, sarea, zahărul, oțetul,

vin sau sherry, ceapa primavara si ghimbir. Când peștele este gătit, transferați-l într-un vas cald de servire. Adăugați amestecul de sos și apă în ulei și aduceți la fiert, amestecând bine până se îngroașă sosul. Se toarna peste peste si se serveste imediat.

Crap cu tofu

Pentru 4 persoane

1 crap

60 ml / 4 linguri ulei de arahide

225 g tofu taiat cubulete

2 cepe de primăvară (cepa), tocate mărunt

1 cățel de usturoi, tocat mărunt

2 felii de rădăcină de ghimbir, tăiate mărunt

15 ml / 1 lingura sos chilli

30 ml/2 linguri de sos de soia

500 ml / 16 fl oz / 2 căni bulion

30 ml / 2 linguri vin de orez sau sherry uscat

15 ml / 1 lingură făină de porumb (amidon de porumb)

30 ml / 2 linguri de apă

Tăiați, scoateți și curățați peștele și marcați 3 linii în diagonală pe fiecare parte. Încinge uleiul și prăjește ușor tofu până se rumenește. Scoateți din tavă și scurgeți bine. Adăugați peștele în tigaie și prăjiți până devine auriu, apoi scoateți din tigaie. Se toarnă tot, cu excepția 15 ml/1 lingură de ulei, apoi se călește ceapa primăvară, usturoiul și ghimbirul timp de 30 de secunde.

Adăugați sosul chili, sosul de soia, bulionul și vinul și aduceți la fiert. Adăugați cu grijă peștele în tigaia cu

tofu și fierbeți, neacoperit, aproximativ 10 minute până când peștele este fiert și sosul este redus. Transferați peștele într-un platou cald și turnați tofu peste el. Amestecați făina de porumb și apa într-o pastă, amestecați în sos și fierbeți, amestecând, până când sosul se îngroașă ușor. Se pune peste peste si se serveste imediat.

Rulouri de pește cu migdale

Pentru 4 persoane

100 g / 4 oz / 1 cană de migdale

450 g file de cod

4 felii de sunca afumata

1 ceapă de primăvară (ceapă), tocată

1 felie de rădăcină de ghimbir, tocată

5 ml / 1 lingurita faina de porumb (amidon de porumb)

5 ml/1 lingurita de zahar

2,5 ml / ¬Ω linguriță de sare

15 ml/1 lingura sos de soia

15 ml / 1 lingura vin de orez sau sherry uscat

1 ou, batut usor

uleiul prajit

1 lămâie, tăiată felii

Se fierb migdalele in apa clocotita timp de 5 minute apoi se scurg si se toaca. Tăiați peștele în pătrate de 9cm / 3¬Ω și șunca în pătrate de 5cm / 2. Amestecați ceapa primăvară, ghimbirul, mălaiul, zahărul, sarea, sosul de soia, vinul sau sherry și oul. Înmuiați peștele în amestec, apoi puneți-l pe o suprafață de lucru.

Se presara blatul cu migdale si se aseaza deasupra o felie de sunca. Rulați peștele și legați-l

cu bucătarul ,Se încălzește uleiul și se prăjesc rulourile de pește câteva minute până se rumenesc. Se scurge pe hârtie absorbantă și se servește cu lămâie.

Cod cu muguri de bambus

Pentru 4 persoane

4 ciuperci chinezești uscate
900 g file de cod, taiate cubulete
30 ml / 2 linguri faina de porumb (amidon de porumb)
uleiul prajit
30 ml / 2 linguri ulei de arahide
1 ceapă primăvară (ceapă), tăiată felii
1 felie de rădăcină de ghimbir, tocată
sare
100 g / 4 oz muguri de bambus, feliați
120 ml / 4 fl oz / ¬Ω cană de stoc de pește
15 ml/1 lingura sos de soia
45 ml / 3 linguri de apă

Înmuiați ciupercile în apă caldă timp de 30 de minute, apoi scurgeți-le. Scoateți tulpinile și tăiați capacele. Stropiți peștele cu jumătate

Faina de porumb. Încinge uleiul şi prăjeşte peştele până se rumeneşte. Se scurge pe hartie absorbanta si se tine la cald.

Intre timp, incingeti uleiul si caliti ceapa primavara, ghimbirul si sarea pana se rumenesc usor. Adăugaţi lăstarii de bambus şi prăjiţi timp de 3 minute. Adăugaţi bulionul şi sosul de soia, aduceţi la fiert şi fierbeţi timp de 3 minute. Se amestecă făina de porumb rămasă într-o pastă cu apa, se amestecă în tigaie şi se fierbe, amestecând, până când sosul se îngroaşă. Se toarna peste peste si se serveste imediat.

Pește cu muguri de fasole

Pentru 4 persoane

450 g / 1 lb muguri de fasole
45 ml / 3 linguri ulei de arahide
5ml/1 lingurita sare
3 felii de rădăcină de ghimbir, tocate
450 g file de pește, feliate
4 cepe de primăvară (cepa), tăiate felii
15 ml/1 lingura sos de soia
60 ml / 4 linguri bulion de peste
10 ml / 2 lingurițe de făină de porumb (amidon de porumb)
15 ml / 1 lingura de apa

Se albesc mugurii de fasole in apa clocotita timp de 4 minute apoi se scurg bine. Încinge jumătate din ulei și călește sarea și ghimbirul timp de 1 minut. Se adauga pestele si se prajeste pana se rumeneste usor, apoi se scoate din tigaie. Încinge uleiul rămas și căliți ceapa primăvară timp de 1 minut. Adăugați sosul de soia și bulionul și aduceți la fiert. Întoarceți peștele în tigaie, acoperiți și fierbeți timp de 2 minute până când peștele este gătit. Amestecați făina de porumb și apa într-o pastă, amestecați în tigaie și fierbeți, amestecând, până când sosul se limpezește și se îngroașă.

File de pește în sos brun

Pentru 4 persoane

450 g file de cod, feliate groase

30 ml / 2 linguri vin de orez sau sherry uscat

30 ml/2 linguri de sos de soia

3 cepe de primăvară (cepa), tocate mărunt

1 felie radacina de ghimbir, tocata marunt

5ml/1 lingurita sare

5 ml/1 lingurita ulei de susan

30 ml / 2 linguri faina de porumb (amidon de porumb)

3 oua batute

90 ml / 6 linguri ulei de arahide

90 ml / 6 linguri bulion de peste

Puneți fileurile de pește într-un castron. Amestecați vinul sau sherry, sosul de soia, ceapa primăvară, ghimbirul, sarea și uleiul de susan, turnați peste pește, acoperiți și marinați timp de 30 de minute. Scoateți peștele din marinadă și asezonați-l cu amidon de porumb, apoi scufundați-l în oul bătut. Încinge uleiul și prăjește peștele până se rumenește pe exterior. Se toarnă uleiul și se amestecă bulionul și marinada rămasă. Aduceți la fiert și fierbeți timp de aproximativ 5 minute până când peștele este fiert.

Prăjituri chinezești de pește

Pentru 4 persoane

450 g / 1 lb tocat (măcinat) cod
2 cepe de primăvară (cepa), tocate mărunt
1 cățel de usturoi, zdrobit
5ml/1 lingurita sare
5 ml/1 lingurita de zahar
5 ml/1 lingurita de sos de soia
45 ml / 3 linguri de ulei vegetal
15 ml / 1 lingură făină de porumb (amidon de porumb)

Se amestecă codul, ceapa primăvară, usturoiul, sarea, zahărul, sosul de soia și 10 ml/2 lingurițe ulei. Se framanta bine, stropind din cand in cand cu putina porumb pana aluatul devine moale si elastic. Formați 4 prăjituri de pește. Încinge uleiul și prăjește prăjiturile de pește aproximativ 10 minute până se rumenesc, apăsându-le în timp ce se gătesc. Serviți cald sau rece.

Pește prăjit crocant

Pentru 4 persoane

450 g file de pește, tăiate fâșii
30 ml / 2 linguri vin de orez sau sherry uscat
sare si piper proaspat macinat
45 ml / 3 linguri faina de porumb (amidon de porumb)
1 albus de ou, batut usor
uleiul prajit

Puneți peștele în vin sau sherry și asezonați cu sare și piper. Pudrați ușor cu mălai. Bateți făina de porumb rămasă în albușul până se întărește, apoi înmuiați peștele în aluat. Se încălzește uleiul și se prăjesc fâșiile de pește câteva minute până se rumenesc.

Cod prajit

Pentru 4 persoane

900 g file de cod, taiate cubulete

sare si piper proaspat macinat

2 oua batute

100 g / 4 oz / 1 cană făină simplă (toate scopuri)

uleiul prajit

1 lămâie, tăiată felii

Condimentam codul cu sare si piper. Bateți ouăle și făina într-un aluat și asezonați cu sare. Înmuiați peștele în aluat. Se încălzește uleiul și se prăjește peștele câteva minute până când se rumenește și este fiert. Scurgeți pe hârtie absorbantă și serviți cu felii de lămâie.

Cinci pești condimentați

Pentru 4 persoane

4 file de cod

5 ml / 1 lingurița de pudră cu cinci condimente

5ml/1 lingurita sare

30 ml / 2 linguri ulei de arahide

2 catei de usturoi, macinati

2,5 ml/1 în rădăcină de ghimbir, tocată

30 ml / 2 linguri vin de orez sau sherry uscat

15 ml/1 lingura sos de soia

câteva picături de ulei de susan

Frecați peștele cu pudra cu cinci condimente și sare. Încinge uleiul și prăjește peștele până se rumenește ușor pe ambele părți. Scoateți din tavă și adăugați celelalte ingrediente. Reîncălziți, amestecând, apoi puneți peștele înapoi în tigaie și reîncălziți ușor înainte de servire.

Bețișoare de pește parfumate

Pentru 4 persoane

30 ml / 2 linguri vin de orez sau sherry uscat

1 ceapă primăvară (ceapă), tocată mărunt

2 oua batute

10 ml / 2 lingurițe pudră de curry

5ml/1 lingurita sare

450 g fileuri de pește alb, tăiate fâșii

100 g de pesmet

uleiul prajit

Se amestecă vinul sau sherry, ceapa primăvară, ouăle, pudra de curry și sarea. Înmuiați peștele în amestec, astfel încât bucățile să fie acoperite uniform, apoi apăsați-le în pesmet. Încinge uleiul și prăjește peștele câteva minute până devine crocant și auriu. Se scurge bine si se serveste imediat.

Pește cu cornibii

Pentru 4 persoane

4 fileuri de peste alb
75 g cornişi mici
2 cepe mici (ceapa)
2 felii de rădăcină de ghimbir
30 ml / 2 linguri de apă
5 ml/1 lingurita ulei de arahide
2,5 ml / ¬Ω linguriță de sare
2,5 ml / ¬Ω linguriță vin de orez sau sherry uscat

Puneți peștele pe o farfurie termorezistentă și stropiți cu ingredientele rămase. Se pune pe un gratar într-un cuptor cu abur, se acoperă și se fierbe la abur aproximativ 15 minute peste apă clocotită până când peștele este fraged. Transferați pe un platou cald, aruncați ghimbirul și ceapa primăvară și serviți.

Ghimbir picant Cod

Pentru 4 persoane

225 g piure de roșii √ © e (paste)
30 ml / 2 linguri vin de orez sau sherry uscat
15 ml / 1 lingură rădăcină de ghimbir rasă
15 ml / 1 lingura sos chilli
15 ml / 1 lingura de apa
15 ml/1 lingura sos de soia
10 ml / 2 lingurițe de zahăr
3 catei de usturoi, macinati
100 g / 4 oz / 1 cană făină simplă (toate scopuri)
75 ml / 5 linguri făină de porumb (amidon de porumb)
175 ml / 6 fl oz / ¬œ cană de apă
1 albus de ou
2,5 ml / ¬Ω linguriță de sare
uleiul prajit
450 g/1 lb file de cod, decojite și tăiate cubulețe

Pentru a face sosul, amestecați împreună piureul de roșii, vinul sau sherry, ghimbirul, sosul chili, apa, sosul de soia, zahărul și usturoiul. Se aduce la fierbere, apoi se fierbe, amestecând, timp de 4 minute.

Se amestecă făina, amidonul de porumb, apa, albușul de ou și sarea până se omogenizează. Incalzeste uleiul. Înmuiați bucățile de pește în aluat și prăjiți timp de aproximativ 5 minute până când sunt fierte și aurii. Scurgeți pe hârtie absorbantă. Scurgeți tot uleiul și puneți peștele și sosul înapoi în tigaie. Se încălzește ușor timp de aproximativ 3 minute până când peștele este acoperit complet în sos.

Cod cu sos de mandarine

Pentru 4 persoane

675 g file de cod, tăiate fâșii

30 ml / 2 linguri faina de porumb (amidon de porumb)

60 ml / 4 linguri ulei de arahide

1 ceapă de primăvară (ceapă), tocată

2 catei de usturoi, macinati

1 felie de rădăcină de ghimbir, tocată

100 g ciuperci, feliate

50 g / 2 oz muguri de bambus, tăiați în fâșii

120 ml / 4 fl oz / ¬Ω cană de sos de soia

30 ml / 2 linguri vin de orez sau sherry uscat

15 ml/1 lingura zahar brun

5ml/1 lingurita sare

250 ml / 8 fl oz / 1 cană bulion de pui

Înmuiați peștele în făină de porumb până se îmbracă ușor. Încinge uleiul și prăjește peștele până se rumenește pe ambele părți. Scoateți-l din tigaie. Adăugați ceapa primăvară, usturoiul și ghimbirul și prăjiți până se rumenește ușor. Adăugați ciupercile și lăstarii de bambus și prăjiți timp de 2 minute. Adăugați celelalte ingrediente și aduceți fierbe, amestecând. Peștele se pune înapoi în tigaie, se acoperă și se fierbe timp de 20 de minute.

Pește cu ananas

Pentru 4 persoane

450 g fileuri de peste

2 cepe de primăvară (cepa), tocate

30 ml/2 linguri de sos de soia

15 ml / 1 lingura vin de orez sau sherry uscat

2,5 ml / ¬Ω linguriță de sare

2 oua, batute usor

15 ml / 1 lingură făină de porumb (amidon de porumb)

45 ml / 3 linguri ulei de arahide

225 g bucăți de ananas conservate în suc

Tăiați peștele în fâșii de 2,5 cm/1 contra bob și puneți-l într-un bol. Adaugam ceapa primavara, sosul de soia, vinul sau sherry si sarea, amestecam bine si lasam sa stea 30 de minute. Scurgeți peștele, aruncând marinada. Bateți ouăle și făina de porumb într-un aluat și înmuiați peștele în aluat pentru a se acoperi, scurgeți excesul. Încinge uleiul și prăjește peștele până se rumenește ușor pe ambele părți. Reduceți focul și continuați să gătiți până se înmoaie. Între timp, amestecați 60 ml / 4 linguri suc de ananas cu aluatul rămas și bucățile de ananas. Se pune intr-o tigaie la foc mic si se fierbe pana se incinge, amestecand continuu. Aranjați fișierul

gătiți peștele pe un platou încălzit și turnați peste sos pentru a servi.

Rulouri de pește cu carne de porc

Pentru 4 persoane

450 g fileuri de peste

100 g carne de porc fiarta, tocata (tocata)

30 ml / 2 linguri vin de orez sau sherry uscat

15 ml/1 lingura de zahar

uleiul prajit

120 ml / 4 fl oz / ¬Ω cană de stoc de pește

3 cepe de primăvară (cepa), tocate

1 felie de rădăcină de ghimbir, tocată

15 ml/1 lingura sos de soia

15 ml / 1 lingură făină de porumb (amidon de porumb)

45 ml / 3 linguri de apă

Tăiați peștele în pătrate de 9 cm / 3¬Ω. Se amestecă carnea de porc cu vinul sau sherry și jumătate din zahăr, se întinde peste pătratele de pește, se rulează și se fixează cu sfoară. Încinge uleiul și prăjește peștele până se rumenește. Scurgeți pe hârtie absorbantă. Intre timp se incinge bulionul si se adauga ceapa primavara, ghimbirul, sosul de soia si zaharul ramas. Se aduce la fierbere și se fierbe timp de 4 minute. Se amestecă făina de porumb și apa într-o pastă, se amestecă în tigaie și se fierbe, amestecand, pana cand sosul se limpezeste si se ingroasa. Se toarna peste peste si se serveste imediat.

Vin de orez peste

Pentru 4 persoane

400 ml / 14 fl oz / 1¬œ cani de vin de orez sau sherry uscat
120 ml / 4 fl oz / ¬Ω cană de apă
30 ml/2 linguri de sos de soia
5 ml/1 lingurita de zahar
sare si piper proaspat macinat
10 ml / 2 lingurițe de făină de porumb (amidon de porumb)
15 ml / 1 lingura de apa
450 g file de cod
5 ml/1 lingurita ulei de susan
2 cepe de primăvară (cepa), tocate

Aduceți la fiert vinul, apa, sosul de soia, zahărul, sare și piper și fierbeți până scade la jumătate. Se amestecă făina de porumb într-o pastă cu apa, se amestecă în tigaie și se fierbe, amestecând, timp de 2 minute. Se condimentează peștele cu sare și se stropește cu ulei de susan. Se adaugă în tigaie și se fierbe timp de aproximativ 8 minute până când sunt fierte. Se serveste presarata cu ceapa primavara.

Pește rapid prăjit

Pentru 4 persoane

450 g file de cod, tăiate fâșii

sare

sos de soia

uleiul prajit

Stropiți peștele cu sare și sos de soia și lăsați 10 minute. Se incinge uleiul si se prajeste pestele cateva minute pana se rumeneste usor. Scurgeți pe hârtie absorbantă și stropiți generos cu sos de soia înainte de servire.

Pește cu semințe de susan

Pentru 4 persoane

450 g file de pește, tăiate fâșii

1 ceapa, tocata

2 felii rădăcină de ghimbir, tocată

120 ml / 4 fl oz / ½ cană de vin de orez sau sherry uscat

10 ml / 2 lingurițe de zahăr brun

2,5 ml / ½ linguriță de sare

1 ou, batut usor

15 ml / 1 lingură făină de porumb (amidon de porumb)

45 ml/3 linguri făină simplă (toate scopuri)

60 ml / 6 linguri de seminte de susan

uleiul prajit

Puneți peștele într-un castron. Se amestecă ceapa, ghimbirul, vinul sau sherry, zahărul și sarea, se adaugă la pește și se lasă la marinat 30 de minute, întorcându-le din când în când. Bateți oul, amidonul și făina pentru a forma un aluat. Înmuiați peștele în aluat și apoi umpleți-l în semințele de susan. Se încălzește uleiul și se prăjesc fâșiile de pește timp de aproximativ 1 minut până devin rumene și crocante.

Biluțe de pește la abur

Pentru 4 persoane

450 g / 1 lb tocat (măcinat) cod

1 ou, batut usor

1 felie de rădăcină de ghimbir, tocată

2,5 ml / ¬Ω linguriță de sare

praf de piper proaspat macinat

15 ml / 1 lingură făină de porumb (amidon de porumb) 15 ml / 1 lingură vin de orez sau sherry uscat

Se amestecă bine toate ingredientele și se formează bile de mărimea unei nuci. Pudrați cu puțină făină dacă este necesar. Aranjați-le într-o tavă de copt joasă.

Așezați vasul pe un grătar într-un cuptor cu abur, acoperiți și fierbeți peste apă clocotită la foc mic, timp de aproximativ 10 minute, până când este fiert.

Pește marinat dulce-acru

Pentru 4 persoane

450 g file de pește, tăiate în bucăți

1 ceapa, tocata

3 felii de rădăcină de ghimbir, tocate

5 ml/1 lingurita de sos de soia

sare si piper proaspat macinat

30 ml / 2 linguri faina de porumb (amidon de porumb)

uleiul prajit

Sos dulce-acru

Puneți peștele într-un castron. Se amestecă ceapa, ghimbirul, sosul de soia, sare și piper, se adaugă peștelui, se acoperă și se lasă să stea 1 oră întorcându-le din când în când. Scoateți peștele din marinadă și stropiți cu amidon de porumb. Încinge uleiul și prăjește peștele până devine crocant și auriu. Scurgeți-le pe hârtie absorbantă și aranjați-le pe un platou de servire fierbinte. Intre timp pregatim sosul si turnam peste peste pentru a servi.

Pește cu sos de oțet

Pentru 4 persoane

450 g file de pește, tăiate fâșii
sare si piper proaspat macinat
1 albus de ou, batut usor
45 ml / 3 linguri faina de porumb (amidon de porumb)
15 ml / 1 lingura vin de orez sau sherry uscat
uleiul prajit
250 ml / 8 fl oz / 1 cană bulion de pește
15 ml/1 lingura zahar brun
15 ml/1 lingura de otet de vin
2 felii rădăcină de ghimbir, tocată
2 cepe de primăvară (cepa), tocate

Condimentam pestele cu putina sare si piper. Bateți albușul cu 30 ml/2 linguri de porumb și vinul sau sherry. Se aruncă peștele în aluat până se îmbracă. Încinge uleiul și prăjește peștele câteva minute până se rumenește. Scurgeți pe hârtie absorbantă.

Între timp, aduceți bulionul, zahărul și oțetul de vin la fiert. Adăugați ghimbirul și ceapa primăvară și fierbeți timp de 3 minute. Amestecați făina de porumb rămasă într-o pastă cu puțină apă, amestecați

În tigaie și fierbeți, amestecând, până când sosul se limpezește și se îngroașă. Se toarnă peste pește pentru a servi.

Anghilă prăjită

Pentru 4 persoane

450 g / 1 lb de anghilă
250 ml / 8 fl oz / 1 cană ulei de arahide
30 ml / 2 linguri sos de soia închis
30 ml / 2 linguri vin de orez sau sherry uscat
15 ml/1 lingura zahar brun
un praf de ulei de susan

Curățați anghia și tăiați-o bucăți. Se încălzește uleiul și se prăjește anghila până se rumenește. Scoateți din tigaie și scurgeți. Se toarnă tot, cu excepția 30 ml/2 linguri de ulei. Se încălzește uleiul și se adaugă sosul de soia, vinul sau sherry și zahărul. Se încălzește apoi se adaugă anghia și se prăjește până când anghila este bine acoperită și aproape tot lichidul s-a evaporat. Stropiți cu ulei de susan și serviți.

Anghilă Fiertă Sec

Pentru 4 persoane

5 ciuperci chinezești uscate

3 cepe mici (ceapa)

30 ml / 2 linguri ulei de arahide

20 catei de usturoi

6 felii de rădăcină de ghimbir

10 castane de apă

900 g / 2 lbs de anghilă

30 ml/2 linguri de sos de soia

15 ml/1 lingura zahar brun

15 ml / 1 lingura vin de orez sau sherry uscat

450 ml / ¬œ pt / 2 căni de apă

15 ml / 1 lingură făină de porumb (amidon de porumb)

45 ml / 3 linguri de apă

5 ml/1 lingurita ulei de susan

Înmuiați ciupercile în apă caldă timp de 30 de minute, apoi scurgeți și aruncați tulpinile. Tăiați 1 ceapă primăvară în bucăți și tocați-o pe cealaltă. Se incinge uleiul si se prajesc ciupercile, bucatile de ceapa primavara, usturoiul, ghimbirul si castanele timp de 30 de secunde. Adăugați anghilele și prăjiți timp de 1 minut. Adăugați sos de soia, zahăr, vin sau

Sherry și apă, aduceți la fierbere, acoperiți și fierbeți timp de 1–½ oră, adăugând puțină apă în timpul gătirii, dacă este necesar. Amestecați făina de porumb și apa într-o pastă, amestecați în tigaie și fierbeți, amestecând, până când sosul se îngroașă. Se serveste stropita cu ulei de susan si ceapa primavara tocata.

Eel cu telina

Pentru 4 persoane

350 g de anghilă
6 tulpini de țelină
30 ml / 2 linguri ulei de arahide
2 cepe de primăvară (cepa), tocate
1 felie de rădăcină de ghimbir, tocată
30 ml / 2 linguri de apă
5 ml/1 lingurita de zahar
5 ml / 1 linguriță vin de orez sau sherry uscat
5 ml/1 lingurita de sos de soia
piper proaspăt măcinat
30 ml / 2 linguri patrunjel proaspat tocat

Curățați și tăiați eelul în fâșii. Tăiați țelina fâșii. Încinge uleiul și căliți ceapa primăvară și ghimbirul timp de 30 de secunde. Adăugați anghila și prăjiți timp de 30 de secunde. Adăugați țelina și prăjiți timp de 30 de secunde. Adăugați jumătate din apă, zahăr, vin sau sherry, sos de soia și piper. Aduceți la fierbere și fierbeți câteva minute până când țelina este doar fragedă, dar încă crocantă și lichidul s-a redus. Se serveste presarat cu patrunjel.

Ardei Umpluți Cu Eglefin

Pentru 4 persoane

225 g fileuri de eglefin, tocate (măcinate)
100 g creveți curățați, tocați (măcinați)
1 ceapă de primăvară (ceapă), tocată
2,5 ml / ¬Ω linguriță de sare
Piper
4 ardei verzi
45 ml / 3 linguri ulei de arahide
120 ml / 4 fl oz / ¬Ω cană bulion de pui
10 ml / 2 lingurițe de făină de porumb (amidon de porumb)
5 ml/1 lingurita de sos de soia

Se amestecă eglefinul, creveții, ceapa primăvară, sare și piper. Tăiați tulpina ardeiului și ridicați centrul. Umpleți ardeii cu amestecul de fructe de mare. Se incinge uleiul si se adauga ardeii si bulionul. Aduceți la fierbere, acoperiți și fierbeți timp de 15 minute. Transferați ardeii într-un vas cald de servire. Se amestecă făina de porumb, sosul de soia și puțină apă și se amestecă în tigaie. Se aduce la fierbere și se fierbe, amestecând, până când sosul se limpezește și se îngroașă.

Eglefin în sos de fasole neagră

Pentru 4 persoane

15 ml/1 lingura ulei de arahide
2 catei de usturoi, macinati
1 felie de rădăcină de ghimbir, tocată
15 ml / 1 lingura sos de fasole neagra
2 cepe, tăiate felii
1 tulpină de țelină, feliată
450 g file de eglefin
15 ml/1 lingura sos de soia
15 ml / 1 lingura vin de orez sau sherry uscat
250 ml / 8 fl oz / 1 cană bulion de pui

Încinge uleiul și călește usturoiul, ghimbirul și sosul de fasole neagră până se rumenesc ușor. Se adaugă ceapa și țelina și se prăjesc timp de 2 minute. Adăugați eglefinul și prăjiți aproximativ 4 minute pe fiecare parte sau până când peștele este gătit. Adăugați sosul de soia, vinul sau sherry și supa de pui, aduceți la fierbere, acoperiți și fierbeți timp de 3 minute.

Pește în sos brun

Pentru 4 persoane

4 eglefin sau pește asemănător

45 ml / 3 linguri ulei de arahide

2 cepe de primăvară (cepa), tocate

2 felii de radacina de ghimbir tocate

5 ml/1 lingurita de sos de soia

2,5 ml / ½ linguriță de oțet de vin

2,5 ml / ½ linguriță vin de orez sau sherry uscat

2,5 ml / ½ linguriță de zahăr

piper proaspăt măcinat

2,5 ml / ½ linguriță de ulei de susan

Curățați peștele și tăiați-l în bucăți mari. Încinge uleiul și căliți ceapa primăvară și ghimbirul timp de 30 de secunde. Adăugați peștele și prăjiți până se rumenește ușor pe ambele părți. Adăugați sosul de soia, oțetul de vin, vinul sau sherry, zahărul și piperul și fierbeți timp de 5 minute până când sosul devine gros. Se serveste stropita cu ulei de susan.

Cinci pești condimentați

Pentru 4 persoane

450 g file de eglefin

5 ml / 1 linguriță de pudră cu cinci condimente

5ml/1 lingurita sare

30 ml / 2 linguri ulei de arahide

2 catei de usturoi, macinati

2 felii rădăcină de ghimbir, tocată

30 ml / 2 linguri vin de orez sau sherry uscat

15 ml/1 lingura sos de soia

10 ml/2 lingurițe de ulei de susan

Frecați fileurile de eglefin cu pudra cu cinci condimente și sare. Se încălzește uleiul și se prăjește peștele până se rumenește ușor pe ambele părți, apoi se scoate din tigaie. Se adauga usturoiul, ghimbirul, vinul sau sherry, sosul de soia si uleiul de susan si se calesc timp de 1 minut. Întoarceți peștele în tigaie și fierbeți până când peștele este fraged.

Eglefin cu usturoi

Pentru 4 persoane

450 g file de eglefin

5ml/1 lingurita sare

30 ml / 2 linguri faina de porumb (amidon de porumb)

60 ml / 4 linguri ulei de arahide

6 catei de usturoi

2 felii de rădăcină de ghimbir, zdrobite

45 ml / 3 linguri de apă

30 ml/2 linguri de sos de soia

15 ml/1 lingura sos de fasole galbena

15 ml / 1 lingura vin de orez sau sherry uscat

15 ml/1 lingura zahar brun

Stropiți eglefinul cu sare și pudrați cu făină de porumb. Se încălzește uleiul și se prăjește peștele până se rumenește pe ambele părți, apoi se scoate din tigaie. Adăugați usturoiul și ghimbirul și căleți timp de 1 minut. Adăugați ingredientele rămase, aduceți la fierbere, acoperiți și fierbeți timp de 5 minute. Peștele se pune înapoi în tigaie, se acoperă și se fierbe până se înmoaie.

Pește picant

Pentru 4 persoane

450 g file de eglefin, tăiate cubulețe

suc de 1 lămâie

30 ml/2 linguri de sos de soia

30 ml / 2 linguri sos de stridii

15 ml / 1 lingură de coajă de lămâie rasă

un praf de ghimbir macinat

sare si piper

2 albusuri

45 ml / 3 linguri faina de porumb (amidon de porumb)

6 ciuperci chinezești uscate

uleiul prajit

5 ceapa primavara (cepa), taiata fasii

1 tulpină de țelină, tăiată fâșii

100 g / 4 oz muguri de bambus, tăiați în fâșii

250 ml / 8 fl oz / 1 cană bulion de pui

5 ml / 1 linguriță de pudră cu cinci condimente

Puneți peștele într-un bol și stropiți cu zeamă de lămâie. Se amestecă sosul de soia, sosul de stridii, coaja de lămâie, ghimbirul, sare, piper, albușurile de ou și toate, cu excepția a 5 ml/1 linguriță de făină de porumb. start

marinati 2 ore, amestecand din cand in cand. Înmuiați ciupercile în apă caldă timp de 30 de minute, apoi scurgeți-le. Scoateți tulpinile și tăiați capacele. Încinge uleiul și prăjește peștele câteva minute până se rumenește. Scoateți din tigaie. Adăugați legumele și prăjiți până sunt fragede, dar încă crocante. Se toarnă uleiul. Se amestecă bulionul de pui cu porumbul rămas, se adaugă la legume și se aduce la fierbere. Peștele se pune înapoi în tigaie, se condimentează cu pudră de cinci mirodenii și se reîncălzi înainte de servire.

Ginger Haddock cu Pak Soi

Pentru 4 persoane

450 g file de eglefin

sare si piper

225g / 8oz pak soi

30 ml / 2 linguri ulei de arahide

1 felie de rădăcină de ghimbir, tocată

1 ceapa, tocata

2 ardei iute roșu uscat

5 ml/1 lingurita de miere

10 ml / 2 lingurițe de ketchup (ketchup)

10 ml / 2 lingurițe de oțet de malț

30 ml / 2 linguri de vin alb sec

10 ml/2 lingurițe de sos de soia

10 ml/2 lingurițe de sos de pește

10 ml / 2 lingurițe de sos de stridii

5 ml/1 lingurita pasta de creveti

Curățați eglefinul și apoi tăiați-l în bucăți de 2 cm. Se presară cu sare și piper. Tăiați varza în bucăți mici. Încinge uleiul și căliți ghimbirul și ceapa timp de 1 minut. Se adauga varza si ardeiul rosu si se prajesc 30 de secunde. Adăugați miere, roșii ketchup, oțet și vin. Adăugați eglefinul și fierbeți timp de 2 minute. Se amestecă sosul de soia, peștele și sosul de stridii și pasta de creveți și se fierbe până când eglefinul este gătit.

Impletituri de eglefin

Pentru 4 persoane

450 g / 1 lb file de eglefin, fără piele

sare

5 ml / 1 linguriță de pudră cu cinci condimente

suc de 2 lămâi

5 ml/1 lingurita de anason, macinata

5 ml / 1 lingurita piper proaspat macinat

30 ml/2 linguri de sos de soia

30 ml / 2 linguri sos de stridii

15 ml/1 lingura de miere

60 ml / 4 linguri arpagic tocat

8,10 frunze de spanac

45 ml / 3 linguri de otet de vin

Tăiați peștele în fâșii lungi și subțiri și formați împletituri, stropiți cu sare, pudră de cinci condimente și zeamă de lămâie și transferați într-un bol. Amestecați anasonul, ardeiul, sosul de soia, sosul de stridii, mierea și arpagicul, turnați peste pește și lăsați la marinat cel puțin 30 de minute. Tapetați coșul pentru aburi cu frunzele de spanac, așezați pletele deasupra, acoperiți și fierbeți la abur peste apă clocotită cu oțet timp de aproximativ 25 de minute.

Rulouri de pește la abur

Pentru 4 persoane

450 g/1 lb file de eglefin, decojite și tăiate cubulețe

suc de 1 lămâie

30 ml/2 linguri de sos de soia

30 ml / 2 linguri sos de stridii

30 ml / 2 linguri sos de prune

5 ml / 1 linguriță vin de orez sau sherry uscat

sare si piper

6 ciuperci chinezești uscate

100 g muguri de fasole

100 g / 4 oz de mazăre

50 g / 2 oz / ¬Ω cană nuci, tocate

1 ou, batut

30 ml / 2 linguri faina de porumb (amidon de porumb)

225 g bok choy, albit

Puneți peștele într-un castron. Se amestecă sucul de lămâie, sosurile de soia, stridii și prune, vinul sau sherry și sare și piper.

Se toarna peste peste si se lasa la marinat 30 de minute. Adăugați verdeața, nucile, oul și făina de porumb și amestecați bine. Așezați 3 frunze chinezești una peste alta, puneți cu lingură puțin amestecul de pește

și se rostogolește. Continuați până se epuizează toate ingredientele. Așezați rulourile într-un coș de aburi, acoperiți și fierbeți timp de 30 de minute.

Halibut cu sos de roșii

Pentru 4 persoane

450 g fileuri de halibut

sare

15 ml / 1 lingura sos de fasole neagra

1 cățel de usturoi, zdrobit

2 cepe de primăvară (cepa), tocate

2 felii rădăcină de ghimbir, tocată

15 ml / 1 lingura vin de orez sau sherry uscat

15 ml/1 lingura sos de soia

200 g roșii conservate, scurse

30 ml / 2 linguri ulei de arahide

Se presară halibutul generos cu sare și se lasă să stea 1 oră. Clătiți de sare și uscați. Puneți peștele într-un vas rezistent la cuptor și stropiți cu sosul de fasole neagră, usturoi, ceapă primăvară, ghimbir, vin sau sherry, sos de soia și roșii. Așezați vasul pe un gratar într-un cuptor cu abur, acoperiți și fierbeți la abur timp de 20 de minute peste apă clocotită până când peștele este gătit. Se încălzește uleiul până aproape afumat și se stropește peste pește înainte de servire.

Monkfish cu broccoli

Pentru 4 persoane

450 g/1 lb coadă de monk, tăiată cubuleţe

sare si piper

45 ml / 3 linguri ulei de arahide

50 g ciuperci, feliate

1 morcov mic, tăiat fâşii

1 căţel de usturoi, zdrobit

2 felii rădăcină de ghimbir, tocată

45 ml / 3 linguri de apă

275 g / 10 oz buchete de broccoli

5 ml/1 lingurita de zahar

5 ml / 1 lingurita faina de porumb (amidon de porumb)

45 ml / 3 linguri de apă

Se condimentează bine mocheta cu sare şi piper. Se încălzeşte 30 ml/2 linguri de ulei şi se prăjeşte mocheta, ciupercile, morcovul, usturoiul şi ghimbirul până se rumenesc uşor. Adaugati apa si continuati sa gatiti, neacoperit, la foc mic. Între timp, se fierbe broccoli în apă clocotită până se înmoaie, apoi se scurge bine.

Încinge uleiul rămas și călește broccoli și zahărul cu un praf de sare până când broccoli este bine acoperit cu ulei. Aranjați în jurul unuia încălzit

platou. Se amestecă făina de porumb și apa într-o pastă, se amestecă în pește și se fierbe, amestecând, până când sosul se îngroașă. Se toarnă peste broccoli și se servește imediat.

Mollet cu sos gros de soia

Pentru 4 persoane

1 barbun

uleiul prajit

30 ml / 2 linguri ulei de arahide

2 cepe de primăvară (cepa), tăiate felii

2 felii de rădăcină de ghimbir, mărunțite

1 ardei rosu, tocat

250 ml / 8 fl oz / 1 cană bulion de pește

15 ml / 1 lingura sos de soia gros

15 ml / 1 lingura de alb proaspat macinat

Piper

15 ml / 1 lingura vin de orez sau sherry uscat

Tăiați peștele și marcați-l în diagonală pe fiecare parte. Se încălzește uleiul și se prăjește peștele până se fierbe pe jumătate. Scoateți din ulei și scurgeți bine. Încinge uleiul și căliți ceapa primăvară, ghimbirul și chilli timp de 1 minut. Adăugați celelalte ingrediente, amestecați bine și aduceți la fiert. Adăugați peștele și fierbeți, neacoperit, până cand peștele este fiert și lichidul aproape s-a evaporat.

Peștele din Lacul de Vest

Pentru 4 persoane

1 chefal

30 ml / 2 linguri ulei de arahide

4 cepe de primăvară (cepa), tocate

1 ardei rosu, tocat

4 felii de rădăcină de ghimbir, mărunțite

45 ml / 3 linguri zahăr brun

30 ml/2 linguri de otet de vin rosu

30 ml / 2 linguri de apă

30 ml/2 linguri de sos de soia

piper proaspăt măcinat

Curățați și tăiați peștele și faceți 2 sau 3 tăieturi în diagonală pe fiecare parte. Încinge uleiul și călește jumătate din ceapa primăvară, ardei iute și ghimbir timp de 30 de secunde. Adăugați peștele și prăjiți până se rumenește ușor pe ambele părți. Adăugați zahărul, oțetul de vin, apa, sosul de soia și piperul, aduceți la fiert, acoperiți și fierbeți timp de aproximativ 20 de minute până când peștele este fiert și sosul s-a redus. Se servesc ornat cu ceapa primavara ramasa.

Cambulă prăjită

Pentru 4 persoane

4 fileuri de platica
sare si piper proaspat macinat
30 ml / 2 linguri ulei de arahide
1 felie de rădăcină de ghimbir, tocată
1 cățel de usturoi, zdrobit
frunze de salata verde

Asezonați generos cambula cu sare și piper. Încinge uleiul și călește ghimbirul și usturoiul timp de 20 de secunde. Adăugați peștele și prăjiți până când este fiert și rumenit. Se scurge bine si se serveste pe un pat de salata verde.

Cambulă la abur cu ciuperci chinezești

Pentru 4 persoane

4 ciuperci chinezești uscate
450 g fileuri de platica taiate cubulete
1 cățel de usturoi, zdrobit
1 felie de rădăcină de ghimbir, tocată
15 ml/1 lingura sos de soia
15 ml / 1 lingura vin de orez sau sherry uscat
5 ml / 1 lingurita zahar brun
350 g de orez cu bob lung fiert

Înmuiați ciupercile în apă caldă timp de 30 de minute, apoi scurgeți-le. Aruncați tulpinile și tăiați capacele. Amestecați cambula, usturoiul, ghimbirul, sosul de soia, vinul sau sherry și zahărul, acoperiți și marinați timp de 1 oră. Pune orezul într-un cuptor cu abur și pune pestele deasupra. Se fierbe la abur aproximativ 30 de minute până când peștele este gătit.

Cambulă cu usturoi

Pentru 4 persoane

350 g fileuri de platica

sare

45 ml / 3 linguri faina de porumb (amidon de porumb)

1 ou, batut

60 ml / 4 linguri ulei de arahide

3 catei de usturoi, tocati

4 cepe de primăvară (cepa), tocate

15 ml / 1 lingura vin de orez sau sherry uscat

5 ml/1 lingurita ulei de susan

Curățați cambula și tăiați-o fâșii. Se presară cu sare și se lasă să stea 20 de minute. Pudrați peștele cu mălai și scufundați-l în ou. Încinge uleiul și prăjește fâșiile de pește timp de aproximativ 4 minute până se rumenesc. Scoateți din tavă și scurgeți pe prosoape de hârtie. Se toarnă toate, cu excepția 5 ml/1 linguriță de ulei din tigaie și se adaugă ingredientele rămase. Se aduce la fierbere, amestecând, apoi se fierbe timp de 3 minute. Se toarna peste peste si se serveste imediat.

Cambulă cu sos de ananas

Pentru 4 persoane

450 g / 1 lb de fileuri de platici

5ml/1 lingurita sare

30 ml/2 linguri de sos de soia

200 g / 7 oz bucăți de ananas conservate

2 oua batute

100 g / 4 oz / ¬Ω cană făină de porumb (amidon de porumb)

uleiul prajit

30 ml / 2 linguri de apă

5 ml/1 lingurita ulei de susan

Tăiați cambula fâșii și puneți-o într-un castron. Stropiți cu sare, sos de soia și 30 ml/2 linguri suc de ananas și lăsați să stea 10 minute. Bateți ouăle cu 45 ml/3 linguri de porumb într-un aluat și înmuiați peștele în aluat. Încinge uleiul și prăjește peștele până se rumenește. Scurgeți ardeiul de gătit. Puneți sucul de ananas rămas într-o cratiță mică. Se amestecă 30 ml / 2 linguri de făină de porumb cu apă și se amestecă în tigaie. Se aduce la fierbere și se fierbe, amestecând, până se îngroașă. Adăugați jumătate din bucățile de ananas și reîncălziți. Chiar înainte de servire, amestecați uleiul de susan. Aranjați peștele fiert pe o porție încălzită

farfurie si ornat cu ananasul rezervat. Se toarnă peste sosul iute și se servește imediat.

Somon cu tofu

Pentru 4 persoane

120 ml / 4 fl oz / ½ cană de ulei de arahide

450 g tofu taiat cubulete

2,5 ml / ½ linguriță de ulei de susan

100 g file de somon tocat

un strop de sos chili

250 ml / 8 fl oz / 1 cană bulion de pește

15 ml / 1 lingură făină de porumb (amidon de porumb)

45 ml / 3 linguri de apă

2 cepe de primăvară (cepa), tocate

Încinge uleiul și prăjește tofu până se rumenește ușor. Scoateți din tigaie. Se încălzește uleiul și uleiul de susan și se prăjește sosul de somon-chili timp de 1 minut. Adăugați bulionul, aduceți la fierbere, apoi puneți tofu-ul înapoi în tigaie. Se fierbe, neacoperit, până când ingredientele sunt fierte și lichidul s-a redus. Amestecați făina de porumb și apa într-o pastă. Se amestecă puțin câte una și se fierbe, amestecând, până când amestecul se îngroașă. Este posibil să nu aveți nevoie de toată pasta de mălai dacă lăsați lichidul să se reducă. Transferați într-un vas cald de servire și stropiți cu ceapa primăvară.

Pește marinat prăjit

Pentru 4 persoane

450g/1lb șprot sau alt pește mic, curățat
3 felii de rădăcină de ghimbir, tocate
120 ml / 4 fl oz / ¬Ω cană de sos de soia
15 ml / 1 lingura vin de orez sau sherry uscat
1 cuișoare de anason stelat
uleiul prajit
15 ml/1 lingura ulei de susan

Puneți peștele într-un castron. Se amestecă ghimbirul, sosul de soia, vinul sau sherry și anasonul, se toarnă peste pește și se lasă să se odihnească 1 oră, întorcându-le din când în când. Scurgeți peștele, aruncând marinada. Se încălzește uleiul și se prăjește peștele în loturi până devine crocant și auriu. Scurgeți-le pe hârtie absorbantă și serviți stropiți cu ulei de susan.

Pastrav cu morcovi

Pentru 4 persoane

15 ml/1 lingura ulei de arahide
1 căței de usturoi, zdrobit
1 felie de rădăcină de ghimbir, tocată
4 păstrăvi
2 morcovi, tăiați fâșii
25 g / 1 oz muguri de bambus, tăiați în fâșii
25 g castane de apă, tăiate fâșii
15 ml/1 lingura sos de soia
15 ml / 1 lingura vin de orez sau sherry uscat

Se incinge uleiul si se calesc usturoiul si ghimbirul pana se rumenesc usor. Adăugați peștele, acoperiți și prăjiți până când peștele este opac. Adăugați morcovii, lăstarii de bambus, castanele, sosul de soia și vinul sau sherry, amestecați bine, acoperiți și fierbeți timp de aproximativ 5 minute.

Pastrav prajit

Pentru 4 persoane

4 pastravi, curatati si solziti
2 oua batute
50 g / 2 oz / ¬Ω cană făină simplă (toate scopuri)
uleiul prajit
1 lămâie, tăiată felii

Tăiați peștele în diagonală de câteva ori pe fiecare parte. Se scufundă în ouăle bătute apoi se adaugă făina pentru a se acoperi complet. Elimina orice exces. Se încălzește uleiul și se prăjește peștele aproximativ 10-15 minute până când este fiert. Se scurge pe hârtie absorbantă și se servește cu lămâie.

Pastrav lamaie

Pentru 4 persoane

450 ml / ¬œ pt / 2 cesti supa de pui

5 cm / 2 în bucăți pătrate de coajă de lămâie

150 ml / ¬° pt / ¬Ω cană generoasă de suc de lămâie

90 ml / 6 linguri zahăr brun

2 felii de rădăcină de ghimbir, tăiate fâșii

30 ml / 2 linguri faina de porumb (amidon de porumb)

4 păstrăvi

375 g / 12 oz / 3 căni de făină simplă (toate scopuri)

175 ml / 6 fl oz / ¬œ cană de apă

uleiul prajit

2 albusuri

8 ceapa primavara (cepa), taiata felii subtiri

Pentru a face sosul, amestecați bulionul, coaja și sucul de lămâie și zahărul timp de 5 minute. Se ia de pe foc, se strecoară și se întoarce în tigaie. Amestecați făina de porumb cu puțină apă, apoi amestecați în tigaie. Se fierbe timp de 5 minute, amestecând des. Se ia de pe foc si se tine sosul cald.

Stropiți ușor peștele pe ambele părți cu puțină făină. Făina rămasă se bate cu apa și 10 ml/2 lingurițe de ulei până se omogenizează. Albusurile se bat spuma spuma, dar nu se usuca si le incorporam in aluat. Încinge uleiul rămas. Înmuiați peștele în aluat pentru a-l acoperi complet. Gătiți peștele aproximativ 10 minute, întorcându-l o dată, până când este fiert și devine maro auriu. Scurgeți pe hârtie absorbantă. Aranjați peștele pe un platou cald. Se amestecă ceapa primăvară în sosul cald, se toarnă peste pește și se servește imediat.

ton chinezesc

Pentru 4 persoane

30 ml / 2 linguri ulei de arahide

1 ceapa, tocata

200 g ton conservat, scurs și fulgi

2 tulpini de telina, tocate

100 g ciuperci tocate

1 ardei verde, tocat

250 ml / 8 fl oz / 1 cană bulion

30 ml/2 linguri de sos de soia

100 g / 4 oz de tăiței cu ouă fine

sare

15 ml / 1 lingură făină de porumb (amidon de porumb)

45 ml / 3 linguri de apă

Se incinge uleiul si se caleste ceapa pana se inmoaie. Adăugați tonul și amestecați până se îmbracă bine cu ulei. Adăugați țelina, ciupercile și ardeiul și prăjiți timp de 2 minute. Adăugați bulionul și sosul de soia, aduceți la fiert, acoperiți și fierbeți timp de 15 minute. Între timp, fierbeți tagliatellele în apă clocotită cu sare timp de aproximativ 5 minute până se înmoaie, apoi scurgeți bine și aranjați pe o porție caldă.

farfurie. Amestecați făina de porumb și apa, amestecați amestecul în sosul de ton și fierbeți, amestecând, până când sosul s-a limpezit și s-a îngroșat.

Fripturi de pește marinate

Pentru 4 persoane

4 fripturi de merlan sau eglefin
2 catei de usturoi, macinati
2 felii de rădăcină de ghimbir, zdrobite
3 cepe de primăvară (cepa), tocate
15 ml / 1 lingura vin de orez sau sherry uscat
15 ml/1 lingura de otet de vin
sare si piper proaspat macinat
45 ml / 3 linguri ulei de arahide

Puneți peștele într-un castron. Se amesteca usturoiul, ghimbirul, ceapa primavara, vinul sau sherry, otetul de vin, sare si piper, se toarna peste peste, se acopera si se lasa la marinat cateva ore. Scoateți peștele din marinadă. Se încălzește uleiul și se prăjește peștele până se rumenește pe ambele părți, apoi se scoate din tigaie. Adăugați marinada în tigaie, aduceți la fierbere, apoi puneți peștele înapoi în tigaie și fierbeți până când este fiert.

Creveți cu migdale

Pentru 4 persoane

100 g migdale

225 g creveți mari în coajă

2 felii rădăcină de ghimbir, tocată

15 ml / 1 lingură făină de porumb (amidon de porumb)

2,5 ml / ¬Ω linguriță de sare

30 ml / 2 linguri ulei de arahide

2 catei de usturoi

2 tulpini de telina, tocate

5 ml/1 lingurita de sos de soia

5 ml / 1 linguriță vin de orez sau sherry uscat

30 ml / 2 linguri de apă

Prăjiți migdalele într-o tigaie uscată până se rumenesc ușor, apoi lăsați deoparte. Curățați creveții, lăsându-i pe cozi, și tăiați-i în jumătate de-a lungul cozilor. Se amestecă cu ghimbirul, amidonul de porumb și sarea. Încinge uleiul și căliți usturoiul până se rumenește ușor, apoi aruncați usturoiul. Adăugați țelina, sosul de soia, vinul sau sherry și apă în tigaie și aduceți la fierbere. Adăugați creveții și prăjiți până se încălzesc. Se serveste presarata cu migdale prajite.

Creveți cu anason

Pentru 4 persoane

45 ml / 3 linguri ulei de arahide
15 ml/1 lingura sos de soia
5 ml/1 lingurita de zahar
120 ml / 4 fl oz / ¬Ω cană de stoc de peşte
un praf de anason macinat
450 g / 1 lb. creveți decojiți

Se încălzeşte uleiul, se adaugă sosul de soia, zahărul, bulionul şi anasonul şi se aduce la fierbere. Adăugați creveții şi fierbeți câteva minute până când se încălzesc şi se aromă.

Creveți cu sparanghel

Pentru 4 persoane

450 g sparanghel, tăiat bucăți
45 ml / 3 linguri ulei de arahide
2 felii rădăcină de ghimbir, tocată
15 ml/1 lingura sos de soia
15 ml / 1 lingura vin de orez sau sherry uscat
5 ml/1 lingurita de zahar
2,5 ml / ¬Ω linguriță de sare
225 g de creveți decojiți

Se fierbe sparanghelul in apa clocotita timp de 2 minute apoi se scurge bine. Încinge uleiul și prăjește ghimbirul pentru câteva secunde. Se adauga sparanghelul si se amesteca pana se imbraca bine cu ulei. Adăugați sosul de soia, vinul sau sherry, zahărul și sarea și reîncălziți. Adaugati crevetii si amestecati la foc mic pana sparanghelul este fraged.

Creveți cu Bacon

Pentru 4 persoane

450 g/1 lb creveți mari necurățați
100 g de bacon
1 ou, batut usor
2,5 ml / ¬Ω linguriță de sare
15 ml/1 lingura sos de soia
50 g / 2 oz / ¬Ω cană făină de porumb (amidon de porumb)
uleiul prajit

Curățați creveții lăsând cozile intacte. Tăiați în jumătate spre coadă. Tăiați slănina în pătrate. Apăsați o bucată de slănină în centrul fiecărui creveți și împingeți jumătățile împreună. Bateți oul cu sarea și sosul de soia. Înmuiați creveții în ou apoi pudrați cu mălai. Încinge uleiul și prăjește creveții până devin crocanți și aurii.

Biluțe de creveți

Pentru 4 persoane

3 ciuperci chinezești uscate

450 g de creveți tocați mărunt

6 castane de apa, tocate marunt

1 ceapă primăvară (ceapă), tocată mărunt

1 felie radacina de ghimbir, tocata marunt

sare si piper proaspat macinat

2 oua batute

15 ml / 1 lingură făină de porumb (amidon de porumb)

50 g / 2 oz / ¬Ω cană făină simplă (toate scopuri)

ulei de arahide (arahide) pentru prajit

Înmuiați ciupercile în apă caldă timp de 30 de minute, apoi scurgeți-le. Aruncați tulpinile și tăiați mărunt capacele. Adăugați creveții, castanele de apă, ceapa primăvară și ghimbirul și asezonați cu sare și piper. Se amestecă 1 ou și 5 ml/1 linguriță făină de porumb rulată în bile de mărimea unei lingurițe pline.

Bateți oul rămas, mălaiul și făina și adăugați suficientă apă pentru a obține un aluat gros și neted. Rotiți bilele în aluat. Încinge uleiul și prăjește câteva minute până se rumenește.

Creveți la grătar

Pentru 4 persoane

450 g/1 lb creveți mari decojiti
100 g de bacon
225 g ficatei de pui, feliate
1 cățel de usturoi, zdrobit
2 felii rădăcină de ghimbir, tocată
30 ml / 2 linguri de zahăr
120 ml / 4 fl oz / ½ cană de sos de soia
sare si piper proaspat macinat

Tăiați creveții pe lungime pe spate fără a-i tăia și aplatizați-i ușor. Tăiați slănina în bucăți și puneți-o într-un bol cu creveții și ficateii de pui. Se amestecă ingredientele rămase, se toarnă peste creveți și se lasă să se odihnească 30 de minute. Așezați creveții, slănina și ficateii de pui pe frigărui și puneți-le la grătar sau gătiți-le pe grătar timp de aproximativ 5 minute, întorcându-le des, până sunt fierte, ungeți ocazional cu marinada.

Creveți cu lăstari de bambus

Pentru 4 persoane

60 ml / 4 linguri ulei de arahide

1 catel de usturoi, tocat

1 felie de rădăcină de ghimbir, tocată

450 g / 1 lb. creveți decojiți

30 ml / 2 linguri vin de orez sau sherry uscat

225 g / 8 oz muguri de bambus

30 ml/2 linguri de sos de soia

15 ml / 1 lingură făină de porumb (amidon de porumb)

45 ml / 3 linguri de apă

Se incinge uleiul si se calesc usturoiul si ghimbirul pana se rumenesc usor. Adăugați creveții și prăjiți timp de 1 minut. Adăugați vinul sau sherry și amestecați bine. Adăugați lăstarii de bambus și prăjiți timp de 5 minute. Adăugați celelalte ingrediente și prăjiți timp de 2 minute.

Creveți cu muguri de fasole

Pentru 4 persoane

4 ciuperci chinezești uscate

30 ml / 2 linguri ulei de arahide

1 cățel de usturoi, zdrobit

225 g de creveți decojiți

15 ml / 1 lingura vin de orez sau sherry uscat

450 g / 1 lb muguri de fasole

120 ml / 4 fl oz / ¬Ω cană bulion de pui

15 ml/1 lingura sos de soia

15 ml / 1 lingură făină de porumb (amidon de porumb)

sare si piper proaspat macinat

2 cepe de primăvară (cepa), tocate

Înmuiați ciupercile în apă caldă timp de 30 de minute, apoi scurgeți-le. Aruncați tulpinile și tăiați capacele. Se incinge uleiul si se caleste usturoiul pana se rumeneste usor. Adăugați creveții și prăjiți timp de 1 minut. Adăugați vinul sau sherry și căleți timp de 1 minut. Încorporați ciupercile și mugurii de fasole. Se amestecă bulionul, sosul de soia și amidonul de porumb și se amestecă în tigaie. Aduceți la fierbere apoi fierbeți, amestecând, până când sosul se limpezește și se îngroașă. Asezonați cu sare și piper. Se serveste presarata cu ceapa primavara.

Creveți cu sos de fasole neagră

Pentru 4 persoane

30 ml / 2 linguri ulei de arahide

5ml/1 lingurita sare

1 cățel de usturoi, zdrobit

45 ml / 3 linguri de sos de fasole neagra

1 ardei verde, tocat

1 ceapa, tocata

120 ml / 4 fl oz / ¬Ω cană de stoc de pește

5 ml/1 lingurita de zahar

15 ml/1 lingura sos de soia

225 g de creveți decojiți

15 ml / 1 lingură făină de porumb (amidon de porumb)

45 ml / 3 linguri de apă

Se incinge uleiul si se calesc sarea, usturoiul si sosul de fasole neagra timp de 2 minute. Se adauga ardeiul gras si ceapa si se calesc timp de 2 minute. Adăugați bulionul, zahărul și sosul de soia și aduceți la fiert. Adăugați creveții și fierbeți timp de 2 minute. Amestecați făina de porumb și apa într-o pastă, adăugați-o în tigaie și fierbeți, amestecând, până când sosul se limpezește și se îngroașă.

Creveți cu țelină

Pentru 4 persoane

45 ml / 3 linguri ulei de arahide
3 felii de rădăcină de ghimbir, tocate
450 g / 1 lb. creveți decojiți
5ml/1 lingurita sare
15 ml / 1 lingura de sherry
4 tulpini de telina, tocate
100 g migdale măcinate

Se încălzește jumătate din ulei și se prăjește ghimbirul până se rumenește ușor. Se adauga crevetii, sarea si sherry si se calesc pana se imbraca bine in ulei, apoi se scot din tigaie. Încinge uleiul rămas și căliți țelina și migdalele câteva minute până când țelina este doar frageda, dar totuși crocantă. Întoarceți creveții în tigaie, amestecați bine și reîncălziți înainte de servire.

Creveți prăjiți cu pui

Pentru 4 persoane

30 ml / 2 linguri ulei de arahide

2 catei de usturoi, macinati

225 g pui fiert, feliat subțire

100 g / 4 oz muguri de bambus, feliați

100 g ciuperci, feliate

75 ml / 5 linguri bulion de peste

225 g de creveți decojiți

225 g mazăre de zăpadă (mandas)

15 ml / 1 lingură făină de porumb (amidon de porumb)

45 ml / 3 linguri de apă

Se incinge uleiul si se caleste usturoiul pana se rumeneste usor. Adăugați puiul, lăstarii de bambus și ciupercile și prăjiți până când sunt bine acoperite cu ulei. Adăugați bulionul și aduceți la fiert. Adăugați creveții și mazărea de zăpadă, acoperiți și fierbeți timp de 5 minute. Amestecați făina de porumb și apa într-o pastă, amestecați în tigaie și fierbeți, amestecând, până când sosul se limpezește și se îngroașă. Serviți imediat.

Creveți chili

Pentru 4 persoane

450 g / 1 lb. creveți decojiți
1 albus de ou
10 ml / 2 lingurițe de făină de porumb (amidon de porumb)
5ml/1 lingurita sare
60 ml / 4 linguri ulei de arahide
25 g ardei roșu uscat, decojit
1 cățel de usturoi, zdrobit
5 ml / 1 lingurita piper proaspat macinat
15 ml/1 lingura sos de soia
5 ml / 1 linguriță vin de orez sau sherry uscat
2,5 ml / ¬Ω linguriță de zahăr
2,5 ml / ¬Ω linguriță de oțet de vin
2,5 ml / ¬Ω linguriță de ulei de susan

Puneți creveții într-un bol cu albușul, mălaiul și sare și lăsați la marinat 30 de minute. Încinge uleiul și căliți ardeiul iute, usturoiul și ardeiul timp de 1 minut. Adăugați creveții și alte ingrediente și prăjiți câteva minute până când creveții sunt încălziți și ingredientele sunt bine amestecate.

Creveți Chop Suey

Pentru 4 persoane

60 ml / 4 linguri ulei de arahide

2 cepe de primăvară (cepa), tocate

2 catei de usturoi, macinati

1 felie de rădăcină de ghimbir, tocată

225 g de creveți decojiți

100 g / 4 oz de mazăre congelată

100 g ciuperci nasturi, tăiate în jumătate

30 ml/2 linguri de sos de soia

15 ml / 1 lingura vin de orez sau sherry uscat

5 ml/1 lingurita de zahar

5ml/1 lingurita sare

15 ml / 1 lingură făină de porumb (amidon de porumb)

Încinge 45 ml / 3 linguri ulei și căliți ceapa primăvară, usturoiul și ghimbirul până se rumenesc ușor. Adăugați creveții și prăjiți timp de 1 minut. Scoateți din tigaie. Se încălzește uleiul rămas și se prăjește mazărea și ciupercile timp de 3 minute. Se adauga crevetii, sosul de soia, vinul sau sherry, zaharul si sarea si se calesc timp de 2 minute. Se amestecă făina de porumb cu puțină apă, se amestecă în tigaie și se fierbe, amestecând, până când sosul se limpezește și se îngroașă.

Creveți Chow Mein

Pentru 4 persoane

450 g / 1 lb. creveți decojiți
15 ml / 1 lingură făină de porumb (amidon de porumb)
15 ml/1 lingura sos de soia
15 ml / 1 lingura vin de orez sau sherry uscat
4 ciuperci chinezești uscate
30 ml / 2 linguri ulei de arahide
5ml/1 lingurita sare
1 felie de rădăcină de ghimbir, tocată
100 g varză chinezească, feliată
100 g / 4 oz muguri de bambus, feliați
Taitei moi prajiti

Amestecați creveții cu făina de porumb, sosul de soia și vinul sau sherry și lăsați să stea, amestecând din când în când. Înmuiați ciupercile în apă caldă timp de 30 de minute, apoi scurgeți-le. Scoateți tulpinile și tăiați capacele. Încinge uleiul și călește sarea și ghimbirul timp de 1 minut. Adăugați varza și lăstarii de bambus și amestecați până când sunt acoperite cu ulei. Acoperiți și fierbeți timp de 2 minute. Se amestecă creveții și marinada și se prăjesc timp de 3 minute. Incorporati tagliatellele scurse si incalziti inainte de servire.

Creveți cu Dovlecel și Lichi

Pentru 4 persoane

12 creveți

sare si piper

10 ml/2 lingurițe de sos de soia

10 ml / 2 lingurițe de făină de porumb (amidon de porumb)

15 ml/1 lingura ulei de arahide

4 catei de usturoi, macinati

2 ardei iute roșii, tocați

225 g dovlecei (dovlecei), tăiați cubulețe

2 cepe de primăvară (cepa), tocate

12 lychees, lapidați

120 ml / 4 fl oz / ¬Ω cană de cremă de cocos

10 ml / 2 lingurițe de pudră de curry dulce

5 ml/1 lingurita sos de peste

Curățați creveții lăsându-i pe cozi. Stropiți cu sare, piper și sos de soia, apoi ungeți cu făină de porumb. Încinge uleiul și prăjește usturoiul, ardeiul iute și creveții timp de 1 minut. Adăugați dovleceii, ceapa primăvară și litchiul și prăjiți timp de 1 minut. Scoateți din tigaie. Se toarnă crema de cocos în tigaie, se aduce la fierbere și se fierbe timp de 2 minute până se îngroașă. Adăugați curry

pudra si sos de peste si asezoneaza cu sare si piper. Întoarceți creveții și legumele în sos pentru a se reîncălzi înainte de servire.

Creveți cu Crab

Pentru 4 persoane

45 ml / 3 linguri ulei de arahide

3 cepe de primăvară (cepa), tocate

1 rădăcină de ghimbir feliată, tocată

225 g carne de crab

15 ml / 1 lingura vin de orez sau sherry uscat

30 ml / 2 linguri supa de pui sau peste

15 ml/1 lingura sos de soia

5 ml / 1 lingurita zahar brun

5 ml/1 linguriță de oțet de vin

piper proaspăt măcinat

10 ml / 2 lingurițe de făină de porumb (amidon de porumb)

225 g de creveți decojiți

Se încălzește 30 ml / 2 linguri de ulei și se prăjește ceapa primăvară și ghimbirul până se rumenesc ușor. Adăugați carnea de crab și prăjiți timp de 2 minute. Adauga vinul sau sherry, bulionul, sosul de soia, zaharul si otetul si asezoneaza dupa gust cu piper. Se prăjește timp de 3 minute. Amesteca amidonul de porumb cu putina apa si adauga-l in sos. Se fierbe, amestecand, pana se ingroasa sosul. Între timp, încălziți uleiul rămas într-o tigaie separată și prăjiți creveții pentru câțiva

minute până se încălzește. Se aranjează amestecul de crabi pe un platou cald și se ornează cu creveți.

Creveți cu castraveți

Pentru 4 persoane

225 g de creveți decojiți

sare si piper proaspat macinat

15 ml / 1 lingură făină de porumb (amidon de porumb)

1 castravete

45 ml / 3 linguri ulei de arahide

2 catei de usturoi, macinati

1 ceapa, tocata marunt

15 ml / 1 lingura vin de orez sau sherry uscat

2 felii rădăcină de ghimbir, tocată

Se condimentează creveții cu sare și piper și se amestecă cu amidonul de porumb. Curățați și sămânțați castraveții și tăiați-le în felii groase. Încinge jumătate din ulei și căliți usturoiul și ceapa până se rumenesc ușor. Se adauga crevetii si sherry si se calesc timp de 2 minute, apoi se scot ingredientele din tigaie. Încinge uleiul rămas și călește ghimbirul timp de 1 minut. Adăugați castravetele și prăjiți timp de 2 minute. Întoarceți amestecul de creveți în tigaie și prăjiți până se amestecă bine și se încălzește.

curry de creveți

Pentru 4 persoane

45 ml / 3 linguri ulei de arahide

4 cepe de primăvară (cepa), tăiate felii

30 ml / 2 linguri pudră de curry

2,5 ml / ¬Ω linguriță de sare

120 ml / 4 fl oz / ¬Ω cană bulion de pui

450 g / 1 lb. creveți decojiți

Se încălzește uleiul și se prăjește ceapa primăvară timp de 30 de secunde. Se adaugă praful de curry și sarea și se prăjește timp de 1 minut. Adăugați bulionul, aduceți la fiert și fierbeți, amestecând, timp de 2 minute. Adăugați creveții și încălziți ușor.

Curry de creveți și ciuperci

Pentru 4 persoane

5 ml/1 lingurita de sos de soia
5 ml / 1 linguriță vin de orez sau sherry uscat
225 g de creveți decojiți
30 ml / 2 linguri ulei de arahide
2 catei de usturoi, macinati
1 felie radacina de ghimbir, tocata marunt
1 ceapă, tăiată felii
100 g de ciuperci champignon
100 g de mazăre proaspătă sau congelată
15 ml/1 lingura de pudra de curry
15 ml / 1 lingură făină de porumb (amidon de porumb)
150 ml / ¬° pt / ¬Ω cană generoasă de supă de pui

Se amestecă sosul de soia, vinul sau sherry și creveții. Se incinge uleiul cu usturoiul si ghimbirul si se prajesc pana se rumenesc usor. Se adauga ceapa, ciupercile si mazarea si se caleste timp de 2 minute. Adăugați pudra de curry și făina de porumb și prăjiți timp de 2 minute. Adăugați treptat bulionul, aduceți la fierbere, acoperiți și fierbeți timp de 5 minute, amestecând din când în când. Adăugați creveții și marinata, acoperiți și fierbeți timp de 2 minute.

Creveți prăjiți

Pentru 4 persoane
450 g / 1 lb. creveți decojiți
30 ml / 2 linguri vin de orez sau sherry uscat
5ml/1 lingurita sare
uleiul prajit
sos de soia

Stropiți creveții în vin sau sherry și stropiți cu sare. Lăsați să stea 15 minute, apoi scurgeți și uscați. Se incinge uleiul si se prajesc crevetii cateva secunde pana devin crocante. Se serveste stropita cu sos de soia.

Creveți aluați prăjiți

Pentru 4 persoane

50 g / 2 oz / ¬Ω cană făină simplă (toate scopuri)

2,5 ml / ¬Ω linguriță de sare

1 ou, batut usor

30 ml / 2 linguri de apă

450 g / 1 lb. creveți decojiți

uleiul prajit

Bateți făina, sarea, oul și apa până obțineți un aluat, adăugând puțină apă dacă este nevoie. Se amestecă creveții până se îmbracă bine. Se incinge uleiul si se prajesc crevetii cateva minute pana devin crocante si aurii.

Găluște De Creveți Cu Sos De Roșii

Pentru 4 persoane

900 g / 2 lbs creveți decojiți

450 g / 1 lb tocat (măcinat) cod

4 oua batute

50 g / 2 oz / ¬Ω cană făină de porumb (amidon de porumb)

2 catei de usturoi, macinati

30 ml/2 linguri de sos de soia

15 ml/1 lingura de zahar

15 ml/1 lingura ulei de arahide

Pentru sos:

30 ml / 2 linguri ulei de arahide

100 g ceapă tocată (ceapă).

100 g ciuperci tocate

100 g sunca, tocata

2 tulpini de telina, tocate

200 g roșii, decojite și tocate

300 ml / ¬Ω pt / 1¬° căni de apă

sare si piper proaspat macinat

15 ml / 1 lingură făină de porumb (amidon de porumb)

Tocați mărunt creveții și amestecați-i cu codul. Se amestecă ouăle, mălaiul, usturoiul, sosul de soia, zahărul și uleiul. Aduceți o cratiță mare cu apă la fiert și turnați linguri de amestec în cratiță. Se aduce din nou la fierbere și se fierbe câteva minute până când gnocchi plutesc la suprafață. Scurgeți bine. Pentru a face sosul, încălziți uleiul și prăjiți ceapa primăvară până când se înmoaie, dar nu se rumenește. Se adauga ciupercile si se calesc 1 minut, apoi se adauga sunca, telina si rosiile si se calesc 1 minut. Se adauga apa, se aduce la fiert si se condimenteaza cu sare si piper. Acoperiți și fierbeți timp de 10 minute, amestecând din când în când. Amesteca amidonul de porumb cu putina apa si adauga-l in sos. Se fierbe câteva minute, amestecând, până când sosul se limpezește și se îngroașă. Serviți cu găluște.

Cupă cu ouă și creveți

Pentru 4 persoane

15 ml/1 lingura ulei de susan
8 creveți decojiți
1 ardei rosu, tocat
2 cepe de primăvară (cepa), tocate
30 ml/2 linguri abalone tocat (optional)
8 oua
15 ml/1 lingura sos de soia
sare si piper proaspat macinat
cateva crengute de patrunjel plat

Folosiți uleiul de susan pentru a unge 8 vase de copt. Așezați câte un creveți în fiecare farfurie cu niște chilli, ceapă primăvară și abalone, dacă folosiți. Spargeți un ou în fiecare bol și asezonați cu sos de soia, sare și piper. Puneți ramekins pe o foaie de copt și coaceți într-un cuptor preîncălzit la 200°C / 400°F / marcajul de gaz 6 timp de aproximativ 15 minute până când ouăle sunt întărite și ușor crocante la exterior. Aranjați-le cu grijă pe un platou încălzit și ornat cu pătrunjel.

Rulouri de icre de creveți

Pentru 4 persoane

225 g muguri de fasole

30 ml / 2 linguri ulei de arahide

4 tulpini de telina, tocate

100 g ciuperci tocate

225 g creveți decojiți, tocați

15 ml / 1 lingura vin de orez sau sherry uscat

2,5 ml / ½ linguriță de făină de porumb (amidon de porumb)

2,5 ml / ½ linguriță de sare

2,5 ml / ½ linguriță de zahăr

12 împachetări cu ouă

1 ou, batut

uleiul prajit

Se albesc mugurii de fasole în apă clocotită timp de 2 minute, apoi se scurg. Încinge uleiul și prăjește țelina timp de 1 minut. Adăugați ciupercile și prăjiți timp de 1 minut. Adăugați creveții, vinul sau sherry, mălaiul, sarea și zahărul și prăjiți timp de 2 minute. Se lasa la racit.

Asezati o parte din umplutura in centrul fiecarei coaja si ungeti marginile cu oul batut. Îndoiți marginile, apoi trageți rulada de ouă departe de dvs., sigilând marginile cu ou. Se încălzește uleiul și se prăjește până se rumenește.

Creveți din Orientul Îndepărtat

Pentru 4 persoane

16,20 de creveți decojiți

suc de 1 lămâie

120 ml / 4 fl oz / ¬Ω cană de vin alb sec

30 ml/2 linguri de sos de soia

30 ml / 2 linguri de miere

15 ml / 1 lingură de coajă de lămâie rasă

sare si piper

45 ml / 3 linguri ulei de arahide

1 catel de usturoi, tocat

6 ceapa primavara (cepa), taiata fasii

2 morcovi, tăiați fâșii

5 ml / 1 linguriță de pudră cu cinci condimente

5 ml / 1 lingurita faina de porumb (amidon de porumb)

Se amestecă creveții cu sucul de lămâie, vinul, sosul de soia, mierea și coaja de lamâie și se condimentează cu sare și piper. Se acopera si se lasa la marinat 1 ora. Se incinge uleiul si se caleste usturoiul pana se rumeneste usor. Adăugați legumele și prăjiți până când sunt fragede, dar încă crocante. Scurgeti crevetii, adaugati-i in tigaie si caliti 2 minute. Efort marinată și amestecați-o cu pudra cu cinci condimente și făina de porumb. Se adaugă în wok, se amestecă bine și se aduce la fierbere.

Foo Yung Creveți

Pentru 4 persoane

6 oua, batute

45 ml / 3 linguri faina de porumb (amidon de porumb)

225 g de creveți decojiți

100 g ciuperci, feliate

5ml/1 lingurita sare

2 cepe de primăvară (cepa), tocate

45 ml / 3 linguri ulei de arahide

Bateți ouăle și apoi adăugați mălaiul. Adăugați toate ingredientele rămase, cu excepția uleiului. Se încălzește uleiul și se toarnă treptat amestecul în tigaie pentru a obține clătite de aproximativ 7,5 cm în diametru. Se prăjește până se rumenește fundul, apoi se întoarce și se rumenește cealaltă parte.

Chips de creveți

Pentru 4 persoane

12 creveți mari cruzi

1 ou, batut

30 ml / 2 linguri faina de porumb (amidon de porumb)

vârf de cuțit de sare

praf de piper

3 felii de pâine

1 galbenus de ou fiert tare (fiert), tocat

25 g sunca fiarta, tocata

1 ceapă de primăvară (ceapă), tocată

uleiul prajit

Scoateți cojile și venele din spate de pe creveți, lăsând cozile intacte. Tăiați spatele creveților cu un cuțit ascuțit și zdrobiți-i ușor. Bateți oul, amidonul de porumb, sare și piper. Amestecați creveții în amestec până când sunt acoperiți complet. Scoateți crusta de pe pâine și tăiați-o în sferturi. Așezați câte un creveți, cu partea tăiată în jos, pe fiecare bucată și apăsați în jos. Ungeți o parte din amestecul de ouă peste fiecare creveți, apoi acoperiți cu gălbenușul de ou, șunca și ceapa primăvară. Se încălzește uleiul și se prăjesc bucățile de pâine cu creveți în loturi până se rumenesc. Se scurge pe hârtie absorbantă și se servește fierbinte.

Creveți prăjiți în sos

Pentru 4 persoane

75 g / 3 oz / cană plină de făină de porumb (amidon de porumb)

¬Ω ou, bătut

5 ml / 1 linguriță vin de orez sau sherry uscat

sare

450 g / 1 lb. creveți decojiți

45 ml / 3 linguri ulei de arahide

5 ml/1 lingurita ulei de susan

1 cățel de usturoi, zdrobit

1 felie de rădăcină de ghimbir, tocată

3 cepe de primăvară (cepa), tăiate felii

15 ml/1 lingură bulion de pește

5 ml/1 linguriță de oțet de vin

5 ml/1 lingurita de zahar

Amestecați făina de porumb, oul, vinul sau sherry și un praf de sare pentru a forma un aluat. Înmuiați creveții în aluat, astfel încât să fie ușor acoperiți. Se incinge uleiul si se prajesc crevetii pana devin crocante pe exterior. Scoateți-le din tigaie și scurgeți uleiul. Încălziți uleiul de susan în tigaie, adăugați creveții, usturoiul și ghimbirul ceapa primavara si caliti 3 minute. Adăugați bulionul, oțetul de vin și zahărul, amestecați bine și încălziți înainte de servire.

Creveți poșați cu șuncă și tofu

Pentru 4 persoane

30 ml / 2 linguri ulei de arahide

225 g tofu taiat cubulete

600 ml / 1 pt / 2¬Ω cani supa de pui

100 g sunca afumata taiata cubulete

225 g de creveți decojiți

Încinge uleiul și prăjește tofu până se rumenește ușor. Scoateți din tigaie și scurgeți. Se încălzește bulionul, se adaugă tofu și șunca și se fierbe timp de aproximativ 10 minute până când tofu este fiert. Adăugați creveții și fierbeți încă 5 minute până se încălzesc. Serviți în boluri adânci.

Creveți cu sos de litchi

Pentru 4 persoane

50 g / 2 oz / ¬Ω cană simplă (toate scopuri)

Făină

2,5 ml / ¬Ω linguriță de sare

1 ou, batut usor

30 ml / 2 linguri de apă

450 g / 1 lb. creveți decojiți

uleiul prajit

30 ml / 2 linguri ulei de arahide

2 felii rădăcină de ghimbir, tocată

30 ml / 2 linguri de otet de vin

5 ml/1 lingurita de zahar

2,5 ml / ¬Ω linguriță de sare

15 ml/1 lingura sos de soia

200 g lychees conservate, scurse

Se amestecă făina, sarea, oul şi apa pentru a forma un aluat, adăugând puțină apă dacă este nevoie. Se amestecă creveții până se îmbracă bine. Se incinge uleiul si se prajesc crevetii cateva minute pana devin crocante si aurii. Scurgeți-le pe hârtie absorbantă şi aranjați-le pe un platou de servire fierbinte. Între timp, încălziți uleiul și prăjiți ghimbirul timp de 1 minut. Se adauga otetul de vin, zaharul, sarea si sosul de soia. Adăugați litchiul și amestecați până când sunt fierbinți și acoperiți cu sos. Se toarnă peste creveți și se servește imediat.

Creveți cu mandarine prăjite

Pentru 4 persoane

60 ml / 4 linguri ulei de arahide

1 cățel de usturoi, zdrobit

1 felie de rădăcină de ghimbir, tocată

450 g / 1 lb. creveți decojiți

30 ml / 2 linguri vin de orez sau sherry uscat 30 ml / 2 linguri sos de soia

15 ml / 1 lingură făină de porumb (amidon de porumb)

45 ml / 3 linguri de apă

Se incinge uleiul si se calesc usturoiul si ghimbirul pana se rumenesc usor. Adăugați creveții și prăjiți timp de 1 minut. Adăugați vinul sau sherry și amestecați bine. Adăugați sosul de soia, făina de porumb și apa și prăjiți timp de 2 minute.

Creveți cu Mangetout

Pentru 4 persoane

5 ciuperci chinezești uscate
225 g muguri de fasole
60 ml / 4 linguri ulei de arahide
5ml/1 lingurita sare
2 tulpini de telina, tocate
4 cepe de primăvară (cepa), tocate
2 catei de usturoi, macinati
2 felii rădăcină de ghimbir, tocată
60 ml / 4 linguri apă
15 ml/1 lingura sos de soia
15 ml / 1 lingura vin de orez sau sherry uscat
225 g mazăre de zăpadă (mandas)
225 g de creveți decojiți
15 ml / 1 lingură făină de porumb (amidon de porumb)

Înmuiați ciupercile în apă caldă timp de 30 de minute, apoi scurgeți-le. Scoateți tulpinile și tăiați capacele. Se albesc mugurii de fasole in apa clocotita timp de 5 minute apoi se scurg bine. Se încălzește jumătate din ulei și se călește sarea, țelina, ceapa primăvară și mugurii de fasole timp de 1 minut, apoi se scot din tigaie. Încinge uleiul rămas și căliți usturoiul și ghimbirul până se rumenesc ușor. Adăugați jumătate din apă, sosul de soia, vinul sau sherry, mazărea de zăpadă și creveții, aduceți la fiert și fierbeți timp de 3 minute. Se amestecă făina de porumb și apa rămasă într-o pastă, se amestecă în tigaie și se fierbe, amestecând, până când sosul se îngroașă. Puneți legumele înapoi în tigaie, se fierbe până se încălzește. Serviți imediat.

Creveți cu ciuperci chinezești

Pentru 4 persoane

8 ciuperci chinezești uscate
45 ml / 3 linguri ulei de arahide
3 felii de rădăcină de ghimbir, tocate
450 g / 1 lb. creveți decojiți
15 ml/1 lingura sos de soia
5ml/1 lingurita sare
60 ml / 4 linguri bulion de peste

Înmuiați ciupercile în apă caldă timp de 30 de minute, apoi scurgeți-le. Scoateți tulpinile și tăiați capacele. Se încălzește jumătate din ulei și se prăjește ghimbirul până se rumenește ușor. Adăugați creveții, sosul de soia și sarea și prăjiți până când sunt acoperiți cu ulei, apoi scoateți din tigaie. Încinge uleiul rămas și căliți ciupercile până când sunt acoperite cu ulei. Adăugați bulionul, aduceți la fierbere, acoperiți și fierbeți timp de 3 minute. Întoarceți creveții în tigaie și amestecați până se încălzesc.

Creveți și mazăre prăjiți

Pentru 4 persoane

450 g / 1 lb. creveți decojiți
5 ml/1 lingurita ulei de susan
5ml/1 lingurita sare
30 ml / 2 linguri ulei de arahide
1 cățel de usturoi, zdrobit
1 felie de rădăcină de ghimbir, tocată
225 g mazăre albă sau congelată, decongelată
4 cepe de primăvară (cepa), tocate
30 ml / 2 linguri de apă
sare si piper

Amestecați creveții cu uleiul de susan și sarea. Încinge uleiul și călește usturoiul și ghimbirul timp de 1 minut. Adăugați creveții și prăjiți timp de 2 minute. Adăugați mazărea și prăjiți timp de 1 minut. Adaugati ceapa primavara si apa si asezonati cu sare si piper si putin ulei de susan, daca doriti. Reîncălziți, amestecând bine, înainte de servire.

Creveți cu chutney de mango

Pentru 4 persoane

12 creveți

sare si piper

suc de 1 lămâie

30 ml / 2 linguri faina de porumb (amidon de porumb)

1 mango

5 ml/1 linguriță pudră de muștar

5 ml/1 lingurita de miere

30 ml/2 linguri de crema de cocos

30 ml / 2 linguri pudră de curry blândă

120 ml / 4 fl oz / ¬Ω cană bulion de pui

45 ml / 3 linguri ulei de arahide

2 catei de usturoi, tocati

2 cepe de primăvară (cepa), tocate

1 fenicul, tocat

100 g chutney de mango

Curățați creveții lăsând cozile intacte. Stropiți cu sare, piper și suc de lămâie, apoi acoperiți cu jumătate din făină de porumb. Curățați mango, tăiați pulpa de pe piatră și apoi tăiați-o în cuburi. Se amestecă muștarul, mierea, crema de nucă de cocos, pudra de curry, făina de porumb rămasă și bulionul. Se incinge jumatate din ulei si se calesc usturoiul, ceapa primavara si feniculul timp de 2 minute. Adăugați bulionul, aduceți la fiert și fierbeți timp de 1 minut. Adăugați cuburi de mango și chutney și încălziți ușor, apoi transferați pe un platou cald. Încinge uleiul rămas și prăjește creveții timp de 2 minute. Aranjați-le pe legume și serviți imediat.

Biluțe de creveți prăjite cu sos de ceapă

Pentru 4 persoane

3 oua, batute usor

45 ml/3 linguri făină simplă (toate scopuri)

sare si piper proaspat macinat

450 g / 1 lb. creveți decojiți

uleiul prajit

15 ml/1 lingura ulei de arahide

2 cepe, tocate

15 ml / 1 lingură făină de porumb (amidon de porumb)

30 ml/2 linguri de sos de soia

175 ml / 6 fl oz / ¬œ cană de apă

Se amestecă ouăle, făina, sarea și piperul. Pune creveții în aluat. Încinge uleiul și prăjește creveții până se rumenesc. Între timp, încălziți uleiul și prăjiți ceapa timp de 1 minut. Amestecați ingredientele rămase într-o pastă, adăugați ceapa și gătiți, amestecând, până când sosul se îngroașă. Scurgeți creveții și aranjați-i pe un platou de servire cald. Se toarnă peste sos și se servește imediat.

Creveți Mandarine Cu Mazăre

Pentru 4 persoane

60 ml / 4 linguri ulei de arahide

1 catel de usturoi, tocat

1 felie de rădăcină de ghimbir, tocată

450 g / 1 lb. creveți decojiți

30 ml / 2 linguri vin de orez sau sherry uscat

225 g mazăre congelată, decongelată

30 ml/2 linguri de sos de soia

15 ml / 1 lingură făină de porumb (amidon de porumb)

45 ml / 3 linguri de apă

Se incinge uleiul si se calesc usturoiul si ghimbirul pana se rumenesc usor. Adăugați creveții și prăjiți timp de 1 minut. Adăugați vinul sau sherry și amestecați bine. Se adauga mazarea si se caleste timp de 5 minute. Adăugați celelalte ingrediente și prăjiți timp de 2 minute.

Creveți Peking

Pentru 4 persoane

30 ml / 2 linguri ulei de arahide
2 catei de usturoi, macinati
1 felie radacina de ghimbir, tocata marunt
225 g de creveți decojiți
4 ceapa primavara (cepa), taiata in felii groase
120 ml / 4 fl oz / ¬Ω cană bulion de pui
5 ml / 1 lingurita zahar brun
5 ml/1 lingurita de sos de soia
5 ml/1 linguriță sos hoisin
5 ml/1 lingurita sos Tabasco

Se incinge uleiul cu usturoiul si ghimbirul si se calesc pana se rumeneste usor usturoiul. Adăugați creveții și prăjiți timp de 1 minut. Adauga ceapa primavara si se caleste timp de 1 minut. Adăugați celelalte ingrediente, aduceți la fierbere, acoperiți și fierbeți timp de 4 minute, amestecând din când în când. Verificați condimentele și adăugați puțin mai Tabasco, dacă preferați.

Creveți cu ardei

Pentru 4 persoane

30 ml / 2 linguri ulei de arahide
1 ardei verde, tăiat în bucăți
450 g / 1 lb. creveți decojiți
10 ml / 2 lingurițe de făină de porumb (amidon de porumb)
60 ml / 4 linguri apă
5 ml / 1 linguriță vin de orez sau sherry uscat
2,5 ml / ¬Ω linguriță de sare
45 ml / 2 linguri piure de roșii √ © e (paste)

Se încălzește uleiul și se prăjește ardeiul timp de 2 minute. Adăugați creveții și piureul de roșii și amestecați bine. Amestecați apa din făina de porumb, vinul sau sherry și sarea într-o pastă, amestecați în tigaie și fierbeți, amestecând, până când sosul se limpezește și se îngroașă.

Creveți prăjiți cu carne de porc

Pentru 4 persoane

225 g de creveți decojiți
100 g carne slabă de porc, mărunțită
60 ml / 4 linguri vin de orez sau sherry uscat
1 albus de ou
45 ml / 3 linguri faina de porumb (amidon de porumb)
5ml/1 lingurita sare
15 ml / 1 lingura de apa (optional)
90 ml / 6 linguri ulei de arahide
45 ml / 3 linguri bulion de peste
5 ml/1 lingurita ulei de susan

Puneți creveții și carnea de porc în boluri separate. Amestecați 45 ml / 3 linguri de vin sau sherry, albușul de ou, 30 ml / 2 linguri de făină de porumb și sare pentru a forma un aluat liber, adăugând apă dacă este necesar. Împărțiți amestecul între carnea de porc și creveți și amestecați bine pentru a le acoperi uniform. Se încălzește uleiul și se prăjește carnea de porc și creveții pentru câteva minute până se rumenesc. Scoateți din tigaie și turnați uleiul, cu excepția 15 ml/1 lingură. Adăugați bulionul în tigaie cu vinul sau sherry rămas și făina de porumb. Se aduce la fierbere și se fierbe, amestecând, până se îngroașă sosul. Se toarnă peste creveți și carnea de porc și se servește stropite cu ulei de susan.

Creveți prăjiți cu sos de sherry

Pentru 4 persoane

50 g / 2 oz / ¬Ω cană făină simplă (toate scopuri)

2,5 ml / ¬Ω linguriță de sare

1 ou, batut usor

30 ml / 2 linguri de apă

450 g / 1 lb. creveți decojiți

uleiul prajit

15 ml/1 lingura ulei de arahide

1 ceapa, tocata marunt

45 ml / 3 linguri vin de orez sau sherry uscat

15 ml/1 lingura sos de soia

120 ml / 4 fl oz / ¬Ω cană de stoc de pește

10 ml / 2 lingurițe de făină de porumb (amidon de porumb)

30 ml / 2 linguri de apă

Se amestecă făina, sarea, oul și apa pentru a forma un aluat, adăugând puțină apă dacă este nevoie. Se amestecă creveții până se îmbracă bine. Se incinge uleiul și se prajesc crevetii cateva minute pana devin crocante si aurii. Scurgeți-le pe hârtie absorbantă și aranjați-le pe un platou de servire fierbinte. Intre timp se incinge uleiul si se caleste ceapa pana se inmoaie. Adăugați vinul sau sherry, sosul de soia și bulionul, aduceți la fiert și fierbeți timp de 4 minute. Amestecați făina de porumb și apa într-o pastă, amestecați în tigaie și fierbeți, amestecând, până când sosul se limpezește și se îngroașă. Se toarnă sosul peste creveți și se servește.

Creveți de susan prăjiți

Pentru 4 persoane

450 g / 1 lb. creveți decojiți

¬Ω albuș de ou

5 ml/1 lingurita de sos de soia

5 ml/1 lingurita ulei de susan

50 g / 2 oz / ¬Ω cană făină de porumb (amidon de porumb)

sare si piper alb proaspat macinat

uleiul prajit

60 ml / 4 linguri de seminte de susan

frunze de salata verde

Amestecați creveții cu albușul, sosul de soia, uleiul de susan, mălaiul, sare și piper. Adăugați puțină apă dacă amestecul este prea gros. Se incinge uleiul si se prajesc crevetii cateva minute pana se rumenesc usor. Între timp, prăjiți scurt semințele de susan într-o tigaie uscată până se rumenesc. Scurgeți creveții și amestecați-i cu semințele de susan. Se serveste pe un pat de salata verde.

Creveți prăjiți în coajă

Pentru 4 persoane

60 ml / 4 linguri ulei de arahide

750 g de creveți necurățați

3 cepe de primăvară (cepa), tocate

3 felii de rădăcină de ghimbir, tocate

2,5 ml / ¬Ω linguriță de sare

15 ml / 1 lingura vin de orez sau sherry uscat

120 ml / 4 fl oz / ¬Ω cană de ketchup de roșii (catsup)

15 ml/1 lingura sos de soia

15 ml/1 lingura de zahar

15 ml / 1 lingură făină de porumb (amidon de porumb)

60 ml / 4 linguri apă

Încinge uleiul și prăjește creveții timp de 1 minut dacă sunt fierți sau până când devin roz dacă sunt cruzi. Se adaugă ceapa primăvară, ghimbirul, sarea și vinul sau sherry și se prăjește timp de 1 minut. Adaugă ketchup-ul, sosul de soia și zahărul și se prăjește timp de 1 minut. Se amestecă făina de porumb și apa, se amestecă în tigaie și se fierbe, amestecând, până când sosul se limpezește și se îngroașă.

Creveți prăjiți

Pentru 4 persoane

75 g / 3 oz / cană plină de făină de porumb (amidon de porumb)
1 albus de ou
5 ml / 1 linguriță vin de orez sau sherry uscat
sare
350 g de creveți curățați
uleiul prajit

Se amestecă făina de porumb, albușul de ou, vinul sau sherry și un praf de sare pentru a obține un aluat gros. Înmuiați creveții în aluat până când sunt bine acoperiți. Se încălzește uleiul până când este moderat și se prăjesc creveții câteva minute până se rumenesc. Scoateți-i din ulei, încălziți-i până când sunt fierbinți, apoi prăjiți din nou creveții până devin crocanți și aurii.

Tempura de creveți

Pentru 4 persoane

450 g / 1 lb. creveți decojiți
30 ml/2 linguri făină simplă (toate scopuri)
30 ml / 2 linguri faina de porumb (amidon de porumb)
30 ml / 2 linguri de apă
2 oua batute
uleiul prajit

Tăiați creveții în jumătate pe curba interioară și întindeți-i pentru a forma o formă de fluture. Amestecați făina, amidonul de porumb și apa pentru a forma o pastă, apoi adăugați ouăle. Încinge uleiul și prăjește creveții până se rumenesc.

Sub Guma

Pentru 4 persoane

30 ml / 2 linguri ulei de arahide

2 cepe de primăvară (cepa), tocate

1 cățel de usturoi, zdrobit

1 felie de rădăcină de ghimbir, tocată

100 g piept de pui, taiat fasii

100 g sunca taiata fasii

100 g / 4 oz muguri de bambus, tăiați în fâșii

100 g de castane de apă, tăiate fâșii

225 g de creveți decojiți

30 ml/2 linguri de sos de soia

30 ml / 2 linguri vin de orez sau sherry uscat

5ml/1 lingurita sare

5 ml/1 lingurita de zahar

5 ml / 1 lingurita faina de porumb (amidon de porumb)

Se încălzește uleiul și se prăjește ceapa primăvară, usturoiul și ghimbirul până se rumenesc ușor. Adăugați puiul și prăjiți timp de 1 minut. Adăugați șunca, lăstarii de bambus și castanele de apă și prăjiți timp de 3 minute. Adăugați creveții și prăjiți timp de 1 minut. Se adauga sosul de soia, vinul sau sherry, sarea si zaharul si se caleste timp de 2 minute. Se amestecă făina de porumb cu puțină apă, se amestecă în tigaie și se fierbe, amestecând timp de 2 minute.

Creveți cu tofu

Pentru 4 persoane

45 ml / 3 linguri ulei de arahide
225 g tofu taiat cubulete
1 ceapă de primăvară (ceapă), tocată
1 cățel de usturoi, zdrobit
15 ml/1 lingura sos de soia
5 ml/1 lingurita de zahar
90 ml / 6 linguri bulion de peste
225 g de creveți decojiți
15 ml / 1 lingură făină de porumb (amidon de porumb)
45 ml / 3 linguri de apă

Se încălzește jumătate din ulei și se prăjește tofu până se rumenește ușor, apoi se scoate din tigaie. Încinge uleiul rămas și căliți ceapa primăvară și usturoiul până se rumenesc ușor. Adăugați sosul de soia, zahărul și bulionul și aduceți la fiert. Adăugați creveții și amestecați la foc mic timp de 3 minute. Amestecați făina de porumb și apa într-o pastă, amestecați în tigaie și fierbeți, amestecând, până când sosul se îngroașă. Întoarceți tofu-ul în tigaie și fierbeți până se încălzește.

Creveți cu roșii

Pentru 4 persoane

2 albusuri

30 ml / 2 linguri faina de porumb (amidon de porumb)

5ml/1 lingurita sare

450 g / 1 lb. creveți decojiți

uleiul prajit

30 ml / 2 linguri vin de orez sau sherry uscat

225g roșii, curățate de coajă, fără sămânță și tocate

Se amestecă albușurile, amidonul de porumb și sarea. Se amestecă creveții până se îmbracă bine. Încinge uleiul și prăjește creveții până sunt fierți. Se toarnă tot, cu excepția 15 ml/1 lingură de ulei și se încălzește. Adăugați vinul sau sherry și roșiile și aduceți la fiert. Încorporați creveții și încălziți rapid înainte de servire.

Creveți cu sos de roșii

Pentru 4 persoane

30 ml / 2 linguri ulei de arahide
1 cățel de usturoi, zdrobit
2 felii rădăcină de ghimbir, tocată
2,5 ml / ¬Ω linguriță de sare
15 ml / 1 lingura vin de orez sau sherry uscat
15 ml/1 lingura sos de soia
6 ml / 4 linguri de ketchup de roșii (catsup)
120 ml / 4 fl oz / ¬Ω cană de stoc de pește
350 g de creveți curățați
10 ml / 2 lingurițe de făină de porumb (amidon de porumb)
30 ml / 2 linguri de apă

Încinge uleiul și călește usturoiul, ghimbirul și sarea timp de 2 minute. Adăugați vinul sau sherry, sosul de soia, ketchup-ul și supa și aduceți la fierbere. Adăugați creveții, acoperiți și fierbeți timp de 2 minute. Amestecați făina de porumb și apa într-o pastă, amestecați în tigaie și fierbeți, amestecând, până când sosul se limpezește și se îngroașă.

Creveți cu sos de roșii și chilli

Pentru 4 persoane

60 ml / 4 linguri ulei de arahide

15 ml/1 lingura de ghimbir tocat

15 ml/1 lingura de usturoi tocat

15 ml / 1 lingura de ceapa primavara tocata

60 ml / 4 linguri piure de roșii √ © e (paste)

15 ml / 1 lingura sos chilli

450 g / 1 lb. creveți decojiți

15 ml / 1 lingură făină de porumb (amidon de porumb)

15 ml / 1 lingura de apa

Încinge uleiul și căliți ghimbirul, usturoiul și ceapa primăvară timp de 1 minut. Adăugați piureul de roșii și sosul chilli și amestecați bine. Adăugați creveții și prăjiți timp de 2 minute. Amestecați făina de porumb și apa într-o pastă, amestecați în tigaie și fierbeți până când sosul se îngroașă. Serviți imediat.

Creveți prăjiți cu sos de roșii

Pentru 4 persoane

50 g / 2 oz / ¬Ω cană făină simplă (toate scopuri)

2,5 ml / ¬Ω linguriță de sare

1 ou, batut usor

30 ml / 2 linguri de apă

450 g / 1 lb. creveți decojiți

uleiul prajit

30 ml / 2 linguri ulei de arahide

1 ceapa, tocata marunt

2 felii rădăcină de ghimbir, tocată

75 ml / 5 linguri de ketchup de roșii (catsup)

10 ml / 2 lingurițe de făină de porumb (amidon de porumb)

30 ml / 2 linguri de apă

Se amestecă făina, sarea, oul și apa pentru a forma un aluat, adăugând puțină apă dacă este nevoie. Se amestecă creveții până se îmbracă bine. Se incinge uleiul si se prajesc crevetii cateva minute pana devin crocante si aurii. Scurgeți pe hârtie absorbantă.

Între timp, încălziți uleiul și prăjiți ceapa și ghimbirul până se înmoaie. Adăugați ketchup-ul și fierbeți timp de 3 minute. Amestecați făina de porumb și apa într-o pastă, amestecați în tigaie și fierbeți, amestecând, până când sosul se îngroașă. Adăugați creveții în tigaie și fierbeți până se încălzesc. Serviți imediat.

Creveți cu legume

Pentru 4 persoane

15 ml/1 lingura ulei de arahide
225 g buchete de broccoli
225 g ciuperci nasturi
225 g / 8 oz muguri de bambus, feliați
450 g / 1 lb. creveți decojiți
120 ml / 4 fl oz / ½ cană bulion de pui
5 ml / 1 lingurita faina de porumb (amidon de porumb)
5 ml/1 lingurita sos de stridii
2,5 ml / ½ linguriță de zahăr
2,5 ml / ½ linguriță de rădăcină de ghimbir rasă
praf de piper proaspat macinat

Încinge uleiul și călește broccoli timp de 1 minut. Adăugați ciupercile și lăstarii de bambus și prăjiți timp de 2 minute. Adăugați creveții și prăjiți timp de 2 minute. Amestecați ingredientele rămase și pliați-le în amestecul de creveți. Se aduce la fierbere, amestecând, apoi se fierbe 1 minut, amestecând continuu.

Creveți cu Castane de Apă

Pentru 4 persoane

60 ml / 4 linguri ulei de arahide
1 catel de usturoi, tocat
1 felie de rădăcină de ghimbir, tocată
450 g / 1 lb. creveți decojiți
30 ml / 2 linguri vin de orez sau sherry uscat 225 g / 8 oz castane de apă, feliate
30 ml/2 linguri de sos de soia
15 ml / 1 lingură făină de porumb (amidon de porumb)
45 ml / 3 linguri de apă

Se incinge uleiul si se calesc usturoiul si ghimbirul pana se rumenesc usor. Adăugați creveții și prăjiți timp de 1 minut. Adăugați vinul sau sherry și amestecați bine. Adăugați castanele de apă și prăjiți timp de 5 minute. Adăugați celelalte ingrediente și prăjiți timp de 2 minute.

Găluște de creveți

Pentru 4 persoane

450 g de creveți decojiți, tăiați
225 g verdeata amestecata, tocata
15 ml/1 lingura sos de soia
2,5 ml / ¬Ω linguriță de sare
câteva picături de ulei de susan
40 de piei wonton
uleiul prajit

Amestecați creveții, legumele, sosul de soia, sarea și uleiul de susan.

Pentru a împături wonton-urile, țineți pielea în palma mâinii stângi și turnați o parte din umplutură în centru. Umeziți marginile cu ou și pliați coaja într-un triunghi, sigilând marginile. Umeziți colțurile cu ou și răsuciți-le împreună.

Se încălzește uleiul și se prăjesc wontonurile câte puțin până se rumenesc. Scurgeți bine înainte de servire.

Abalone cu pui

Pentru 4 persoane

400 g / 14 oz abalone conservat
30 ml / 2 linguri ulei de arahide
100 g piept de pui, taiat cubulete
100 g / 4 oz muguri de bambus, feliați
250 ml / 8 fl oz / 1 cană bulion de pește
15 ml / 1 lingura vin de orez sau sherry uscat
5 ml/1 lingurita de zahar
2,5 ml / ¬Ω linguriță de sare
15 ml / 1 lingură făină de porumb (amidon de porumb)
45 ml / 3 linguri de apă

Scurgeți și feliați abalonul, rezervând sucul. Se încălzește uleiul și se prăjește puiul până se colorează ușor. Adăugați abalonul și lăstarii de bambus și prăjiți timp de 1 minut. Adăugați lichidul de abalone, bulionul, vinul sau sherry, zahărul și sarea, aduceți la fiert și fierbeți 2 minute. Amestecați făina de porumb și apa într-o pastă și fierbeți, amestecând, până când sosul se limpezește și se îngroașă. Serviți imediat.

Abalone cu sparanghel

Pentru 4 persoane

10 ciuperci chinezești uscate
30 ml / 2 linguri ulei de arahide
15 ml / 1 lingura de apa
225 g sparanghel
2,5 ml / ½ linguriță de sos de pește
15 ml / 1 lingură făină de porumb (amidon de porumb)
225 g abalone conservat, feliat
60 ml / 4 linguri de bulion
½ morcov mic, feliat
5 ml/1 lingurita de sos de soia
5 ml/1 lingurita sos de stridii
5 ml / 1 linguriță vin de orez sau sherry uscat

Înmuiați ciupercile în apă caldă timp de 30 de minute, apoi scurgeți-le. Scoateți tulpinile. Se încălzesc 15 ml/1 lingură de ulei cu apă și se prăjesc capacele de ciuperci timp de 10 minute. Între timp, gătiți sparanghelul în apă clocotită cu sosul de pește și 5 ml/1 linguriță de porumb până se înmoaie. Scurge-le bine si aranjeaza-le pe o farfurie incinsa de servire cu ciupercile. Păstrați-le calde. Se încălzește uleiul rămas și se călește abalonul pentru câteva secunde, apoi se adaugă bulionul, morcovul, sosul de soia, sosul de stridii, vinul sau sherry și făina de porumb rămasă. Gătiți aproximativ 5 minute până când este fiert, apoi puneți o lingură peste sparanghel și serviți.

Abalone cu ciuperci

Pentru 4 persoane

6 ciuperci chinezești uscate
400 g / 14 oz abalone conservat
45 ml / 3 linguri ulei de arahide
2,5 ml / ¬Ω linguriță de sare
15 ml / 1 lingura vin de orez sau sherry uscat
3 cepe de primăvară (cepa), tăiate în felii groase

Înmuiați ciupercile în apă caldă timp de 30 de minute, apoi scurgeți-le. Scoateți tulpinile și tăiați capacele. Scurgeți și feliați abalonul, rezervând sucul. Încinge uleiul și călește sarea și ciupercile timp de 2 minute. Adăugați abalone lichid și sherry, aduceți la fierbere, acoperiți și fierbeți 3 minute. Adăugați abalone și ceapa primăvară și fierbeți până se încălzesc. Serviți imediat.

Abalone cu sos de stridii

Pentru 4 persoane

400 g / 14 oz abalone conservat

15 ml / 1 lingură făină de porumb (amidon de porumb)

15 ml / 1 lingura sos de soia

45 ml / 3 linguri sos de stridii

30 ml / 2 linguri ulei de arahide

50 g sunca afumata, tocata

Scurgeți cutia de abalone și rezervați 90 ml/6 linguri de lichid. Se amestecă cu făina de porumb, sosul de soia și sosul de stridii. Se încălzește uleiul și se prăjește abalonul scurs timp de 1 minut. Se amestecă amestecul de salsa și se fierbe, amestecând, aproximativ 1 minut până se încălzește. Transferați pe un platou cald și serviți ornat cu șuncă.

Scoici la abur

Pentru 4 persoane

24 scoici

Frecați bine scoicile și puneți-le la înmuiat în apă cu sare timp de câteva ore. Clătiți sub jet de apă și puneți pe o tavă de copt joasă. Puneți pe un grătar într-un cuptor cu abur, acoperiți și fierbeți peste apă clocotită timp de aproximativ 10 minute până când toate scoicile s-au deschis. Aruncați-le pe cele care rămân închise. Serviți cu sosuri.

Scoici cu muguri de fasole

Pentru 4 persoane

24 scoici
15 ml/1 lingura ulei de arahide
150 g muguri de fasole
1 ardei verde, tăiat fâșii
2 cepe de primăvară (cepa), tocate
15 ml / 1 lingura vin de orez sau sherry uscat
sare si piper proaspat macinat
2,5 ml / ¬Ω linguriță de ulei de susan
50 g sunca afumata, tocata

Frecați bine scoicile și puneți-le la înmuiat în apă cu sare timp de câteva ore. Clătiți sub jet de apă. Aduceți o oală cu apă la fiert, adăugați scoici și fierbeți câteva minute până se deschid. Scurgeți și aruncați-le pe cele care rămân închise. Scoateți scoicile din coji.

Încinge uleiul și prăjește mugurii de fasole timp de 1 minut. Adăugați ardeiul și ceapa primăvară și prăjiți timp de 2 minute. Adăugați vinul sau sherry și asezonați cu sare și piper. Se încălzește apoi se încorporează scoicile și se amestecă până când sunt bine omogenizate și încălzite. Transferați pe un platou cald și serviți stropiți cu ulei de susan și prosciutto.

Scoici cu ghimbir si usturoi

Pentru 4 persoane

24 scoici
15 ml/1 lingura ulei de arahide
2 felii rădăcină de ghimbir, tocată
2 catei de usturoi, macinati
15 ml / 1 lingura de apa
5 ml/1 lingurita ulei de susan
sare si piper proaspat macinat

Frecați bine scoicile și puneți-le la înmuiat în apă cu sare timp de câteva ore. Clătiți sub jet de apă. Încinge uleiul și călește ghimbirul și usturoiul timp de 30 de secunde. Adăugați scoici, apa și ulei de susan, acoperiți și gătiți aproximativ 5 minute până când scoicile se deschid. Aruncați-le pe cele care rămân închise. Se condimentează ușor cu sare și piper și se servește imediat.

Scoici la tigaie

Pentru 4 persoane

24 scoici

60 ml / 4 linguri ulei de arahide

4 catei de usturoi, tocati

1 ceapa, tocata

2,5 ml / ½ linguriță de sare

Frecați bine scoicile și puneți-le la înmuiat în apă cu sare timp de câteva ore. Clătiți sub jet de apă și uscați. Se incinge uleiul si se calesc usturoiul, ceapa si sarea pana se inmoaie. Adăugați scoici, acoperiți și fierbeți timp de aproximativ 5 minute până când toate cojile s-au deschis. Aruncați-le pe cele care rămân închise. Se caleste usor inca un minut, ungendu-se cu ulei.

Prajituri cu crab

Pentru 4 persoane

225 g muguri de fasole
60 ml / 4 linguri ulei de arahide (arahide) 100 g / 4 oz muguri de bambus, tăiați fâșii
1 ceapa, tocata
225 g carne de crab, fulgi
4 oua, batute usor
15 ml / 1 lingură făină de porumb (amidon de porumb)
30 ml/2 linguri de sos de soia
sare si piper proaspat macinat

Se albesc mugurii de fasole în apă clocotită timp de 4 minute, apoi se scurg. Se incinge jumatate din ulei si se calesc mugurii de fasole, lastarii de bambus si ceapa pana se inmoaie. Se ia de pe foc și se încorporează ingredientele rămase, cu excepția uleiului. Încălziți uleiul rămas într-o tigaie curată și prăjiți linguri de amestec de carne de crab pentru a face chiftele mici. Se prăjește până se rumenește ușor pe ambele părți, apoi se servește imediat.

Crema de crab

Pentru 4 persoane

225 g carne de crab

5 ouă, bătute

1 ceapa primavara (cepa) tocata marunt

250 ml / 8 fl oz / 1 cană de apă

5ml/1 lingurita sare

5 ml/1 lingurita ulei de susan

Se amestecă bine toate ingredientele. Puneți într-un castron, acoperiți și lăsați-l deasupra centralei duble peste apă fierbinte sau pe un suport pentru aburi. Se fierbe la abur aproximativ 35 de minute până ajunge la consistența cremei, amestecând din când în când. Serviți cu orez.

Carne de crab cu frunze chinezești

Pentru 4 persoane

450 g / 1 lb frunze chinezești, mărunțite

45 ml / 3 linguri de ulei vegetal

2 cepe de primăvară (cepa), tocate

225 g carne de crab

15 ml/1 lingura sos de soia

15 ml / 1 lingura vin de orez sau sherry uscat

5ml/1 lingurita sare

Albește frunzele chinezești în apă clocotită timp de 2 minute apoi scurge-le bine și clătește-le în apă rece. Se incinge uleiul si se caleste ceapa primavara pana se rumeneste usor. Adăugați carnea de crab și prăjiți timp de 2 minute. Adăugați frunzele chinezești și prăjiți timp de 4 minute. Adăugați sosul de soia, vinul sau sherry și sare și amestecați bine. Adăugați bulionul și făina de porumb, aduceți la fiert și fierbeți, amestecând, timp de 2 minute până când sosul s-a limpezit și s-a îngroșat.

Crab Foo Yung cu muguri de fasole

Pentru 4 persoane

6 oua, batute

45 ml / 3 linguri faina de porumb (amidon de porumb)

225 g carne de crab

100 g muguri de fasole

2 cepe de primăvară (cepa), tocate mărunt

2,5 ml / ½ linguriță de sare

45 ml / 3 linguri ulei de arahide

Bateți ouăle și apoi adăugați mălaiul. Se amestecă ingredientele rămase, cu excepția uleiului. Se încălzește uleiul și se toarnă treptat amestecul în tigaie pentru a obține clătite mici de aproximativ 7,5 cm în diametru. Se prăjește până se rumenește pe fund, apoi se întoarce și se rumenește cealaltă parte.

Crab ghimbir

Pentru 4 persoane

15 ml/1 lingura ulei de arahide
2 felii de radacina de ghimbir tocate
4 cepe de primăvară (cepa), tocate
3 catei de usturoi, macinati
1 ardei rosu, tocat
350 g carne de crab, fulgi
2,5 ml / ¬Ω linguriță de pastă de pește
2,5 ml / ¬Ω linguriță de ulei de susan
15 ml / 1 lingura vin de orez sau sherry uscat
5 ml / 1 lingurita faina de porumb (amidon de porumb)
15 ml / 1 lingura de apa

Se incinge uleiul si se calesc ghimbirul, ceapa primavara, usturoiul si chilli timp de 2 minute. Adăugați carnea de crab și amestecați până se îmbracă bine cu condimente. Incorporeaza pasta de peste. Amestecați ingredientele ramase într-o pastă, apoi amestecați-le în tigaie și prăjiți timp de 1 minut. Serviți imediat.

Crab Lo Mein

Pentru 4 persoane

100 g muguri de fasole
30 ml / 2 linguri ulei de arahide
5ml/1 lingurita sare
1 ceapă, feliată
100 g ciuperci, feliate
225 g carne de crab, fulgi
100 g / 4 oz muguri de bambus, feliați
Taitei aruncati
30 ml/2 linguri de sos de soia
5 ml/1 lingurita de zahar
5 ml/1 lingurita ulei de susan
sare si piper proaspat macinat

Se albesc mugurii de fasole în apă clocotită timp de 5 minute, apoi se scurg. Se încălzește uleiul și se prăjește sarea și ceapa până se înmoaie. Adăugați ciupercile și prăjiți până se înmoaie. Adăugați carnea de crab și prăjiți timp de 2 minute. Adăugați mugurii de fasole și lăstarii de bambus și prăjiți timp de 1 minut. Adaugati taiteii scursi in tigaie si amestecati usor. Amestecați sosul de soia, zahărul și uleiul de susan și asezonați cu sare și piper. Se amestecă în tigaie până se încălzește.

Crab prajit cu carne de porc

Pentru 4 persoane

30 ml / 2 linguri ulei de arahide

100 g / 4 oz de carne de porc tocată (măcinată)

350 g carne de crab, fulgi

2 felii rădăcină de ghimbir, tocată

2 oua, batute usor

15 ml/1 lingura sos de soia

15 ml / 1 lingura vin de orez sau sherry uscat

30 ml / 2 linguri de apă

sare si piper proaspat macinat

4 cepe de primăvară (cepa), tăiate fâșii

Se încălzește uleiul și se prăjește carnea de porc până se colorează ușor. Adăugați carnea de crab și ghimbirul și prăjiți timp de 1 minut. Încorporați ouăle. Adăugați sosul de soia, vinul sau sherry, apa, sare și piper și fierbeți aproximativ 4 minute, amestecând. Se servesc ornat cu ceapa primavara.

Carne de crab prăjită

Pentru 4 persoane

30 ml / 2 linguri ulei de arahide
450 g carne de crab, fulgi
2 cepe de primăvară (cepa), tocate
2 felii rădăcină de ghimbir, tocată
30 ml/2 linguri de sos de soia
30 ml / 2 linguri vin de orez sau sherry uscat
2,5 ml / ½ linguriță de sare
15 ml / 1 lingură făină de porumb (amidon de porumb)
60 ml / 4 linguri apă

Încinge uleiul și călește carnea de crab, ceapa primăvară și ghimbirul timp de 1 minut. Adăugați sosul de soia, vinul sau sherry și sare, acoperiți și fierbeți timp de 3 minute. Amestecați făina de porumb și apa într-o pastă, amestecați în tigaie și fierbeți, amestecând, până când sosul se limpezește și se îngroașă.

Chiftele de sepie prăjite

Pentru 4 persoane

450 g de sepie

50 g untură, zdrobită

1 albus de ou

2,5 ml / ¬Ω linguriță de zahăr

2,5 ml / ¬Ω linguriță de făină de porumb (amidon de porumb)

sare si piper proaspat macinat

uleiul prajit

Tăiați sepia și zdrobiți-le sau reduceți-le până la o pulpă. Se pune untura, albusul, zaharul si faina de porumb si se condimenteaza cu sare si piper. Presă amestecul în bile. Se încălzește uleiul și se prăjesc biluțele de sepie, mai multe dacă este necesar, până când plutesc pe ulei și sunt aurii. Se scurge bine si se serveste imediat.

homar cantonez

Pentru 4 persoane

2 homari

30 ml / 2 linguri de ulei

15 ml / 1 lingura sos de fasole neagra

1 cățel de usturoi, zdrobit

1 ceapa, tocata

225 g / 8 oz de carne de porc tocată (măcinată)

45 ml / 3 linguri de sos de soia

5 ml/1 lingurita de zahar

sare si piper proaspat macinat

15 ml / 1 lingură făină de porumb (amidon de porumb)

75 ml / 5 linguri de apă

1 ou, batut

Se sparg homarii, se scot carnea si se taie in 2,5 cm/1 cuburi. Se incinge uleiul si se calesc sosul de fasole neagra, usturoiul si ceapa pana se rumenesc usor. Adăugați carnea de porc și prăjiți până se rumenește. Adăugați sosul de soia, zahărul, sare, piper și homarul, acoperiți și fierbeți timp de aproximativ 10 minute. Amestecați făina de porumb și apa într-o pastă, amestecați în tigaie și fierbeți, amestecând, până când sosul se limpezește și se îngroașă. Opriți focul și încorporați oul înainte de servire.

Homar prajit

Pentru 4 persoane

450 g / 1 lb de carne de homar
30 ml/2 linguri de sos de soia
5 ml/1 lingurita de zahar
1 ou, batut
30 ml/3 linguri făină simplă (toate scopuri)
uleiul prajit

Tăiați carnea de homar în cuburi de 2,5 cm / 1 și asezonați cu sosul de soia și zahărul. Se lasa sa se odihneasca 15 minute apoi se scurge. Bateți oul și făina, apoi adăugați homarul și amestecați bine pentru a se îmbrăca. Încinge uleiul și prăjește homarul până se rumenește. Scurgeți pe hârtie absorbantă înainte de servire.

Homar la abur cu sunca

Pentru 4 persoane

4 oua, batute usor

60 ml / 4 linguri apă

5ml/1 lingurita sare

15 ml/1 lingura sos de soia

450 g/1 lb carne de homar, fulgi

15 ml / 1 lingura de sunca afumata tocata

15 ml/1 lingura patrunjel proaspat tocat

Bateți ouăle cu apa, sarea și sosul de soia. Se toarnă într-un bol rezistent la cuptor și se stropește cu carne de homar. Așezați vasul pe un gratar într-un cuptor cu abur, acoperiți și gătiți la abur timp de 20 de minute până când ouăle se întăresc. Se servesc ornat cu sunca si patrunjel.

Homar cu ciuperci

Pentru 4 persoane

450 g / 1 lb de carne de homar

15 ml / 1 lingură făină de porumb (amidon de porumb)

60 ml / 4 linguri apă

30 ml / 2 linguri ulei de arahide

4 ceapa primavara (cepa), taiata in felii groase

100 g ciuperci, feliate

2,5 ml / ¬Ω linguriță de sare

1 cățel de usturoi, zdrobit

30 ml/2 linguri de sos de soia

15 ml / 1 lingura vin de orez sau sherry uscat

Tăiați carnea de homar în cuburi de 2,5 cm/1. Amestecați făina de porumb și apa într-o pastă și amestecați cuburile de homar în amestec pentru a acoperi. Încinge jumătate din ulei și prăjește cuburi de homar până se rumenesc ușor pe măsură ce le scoți din tigaie. Se încălzește uleiul rămas și se prăjește ceapa primăvară până se rumenește ușor. Adăugați ciupercile și prăjiți timp de 3 minute. Se adauga sarea, usturoiul, sosul de soia si vinul sau sherry si se caleste timp de 2 minute. Întoarceți homarul în tigaie și prăjiți până se încălzește.

Cozi de homar cu carne de porc

Pentru 4 persoane

3 ciuperci chinezești uscate

4 cozi de homar

60 ml / 4 linguri ulei de arahide
100 g / 4 oz de carne de porc tocată (măcinată)
50 g castane de apa, tocate marunt
sare si piper proaspat macinat
2 catei de usturoi, macinati
45 ml / 3 linguri de sos de soia
30 ml / 2 linguri vin de orez sau sherry uscat
30 ml / 2 linguri sos de fasole neagra
10 ml / 2 linguri faina de porumb (amidon de porumb)
120 ml / 4 fl oz / ¬Ω cană de apă

Înmuiați ciupercile în apă caldă timp de 30 de minute, apoi scurgeți-le. Scoateți tulpinile și tăiați capacele. Tăiați cozile homarului în jumătate pe lungime. Scoateți carnea de pe cozile homarului, rezervând coji. Se încălzește jumătate din ulei și se prăjește carnea de porc până se colorează ușor. Se ia de pe foc si se adauga ciupercile, carnea homarului, castanele de apa, sare si piper. Presă carnea în cojile de homar și aranjează-l pe un vas rezistent la cuptor. Puneți pe un grătar într-un cuptor cu abur, acoperiți și gătiți la abur timp de aproximativ 20 de minute până când sunt fierte. Între timp, încălzește uleiul rămas și căliți usturoiul, sosul de soia, vinul sau sherry și sosul de fasole neagră timp de 2 minute. Amestecați făina de porumb și apa până obțineți o pastă, se amestecă în tigaie și se fierbe, amestecând, până când sosul se îngroașă. Aranjați homarul pe o farfurie fierbinte de servire, turnați peste sos și serviți imediat.

Homar la tigaie

Pentru 4 persoane

450 g / 1 lb de cozi de homar

30 ml / 2 linguri ulei de arahide

1 cățel de usturoi, zdrobit

2,5 ml / ¬Ω linguriță de sare

350 g muguri de fasole

50 g ciuperci champignon

4 ceapa primavara (cepa), taiata in felii groase

150 ml / ¬° pt / ¬Ω cană generoasă de supă de pui

15 ml / 1 lingură făină de porumb (amidon de porumb)

Aduceți o oală cu apă la fiert, adăugați cozile de homar și fierbeți timp de 1 minut. Se scurge, se raceste, se scoate coaja si se taie felii groase. Se incinge uleiul cu usturoiul si sarea si se prajeste pana se rumeneste usor usturoiul. Adauga homarul si se caleste timp de 1 minut. Adăugați mugurii de fasole și ciupercile și prăjiți timp de 1 minut. Se amestecă ceapa primăvară. Adăugați cea mai mare parte din bulion, aduceți la fierbere, acoperiți și fierbeți timp de 3 minute. Amestecați făina de porumb cu bulionul rămas, amestecați în tigaie și fierbeți, amestecând, până când sosul se limpezește și se îngroașă.

Cuiburi de homar

Pentru 4 persoane

30 ml / 2 linguri ulei de arahide

5ml/1 lingurita sare

1 ceapă, feliată subțire

100 g ciuperci, feliate

100 g muguri de bambus, 225 g carne de homar fiartă feliată

15 ml / 1 lingura vin de orez sau sherry uscat

120 ml / 4 fl oz / ¬Ω cană bulion de pui

praf de piper proaspat macinat

10 ml / 2 lingurițe de făină de porumb (amidon de porumb)

15 ml / 1 lingura de apa

4 coșuri cu tăiței

Se încălzește uleiul și se prăjește sarea și ceapa până se înmoaie. Adăugați ciupercile și lăstarii de bambus și prăjiți timp de 2 minute. Adăugați carnea de homar, vinul sau sherry și bulionul, aduceți la fierbere, acoperiți și fierbeți 2 minute. Se condimentează cu piper. Amestecați făina de porumb și apa într-o pastă, amestecați în tigaie și fierbeți, amestecând, până când sosul se îngroașă. Aranjați cuiburile de paste pe un platou de servire cald și acoperiți cu homarul sotat.

Midiile in sos de fasole neagra

Pentru 4 persoane

45 ml / 3 linguri ulei de arahide
2 catei de usturoi, macinati
2 felii rădăcină de ghimbir, tocată
30 ml / 2 linguri sos de fasole neagra
15 ml/1 lingura sos de soia
1,5 kg / 3 lbs midii, curăţate şi cu barbă
2 cepe de primăvară (cepa), tocate

Încinge uleiul şi căleşte usturoiul şi ghimbirul timp de 30 de secunde. Adaugati sosul de fasole neagra si sosul de soia si caliti 10 secunde. Adăugaţi scoici, acoperiţi şi gătiţi aproximativ 6 minute până când scoicile se deschid. Aruncaţi-le pe cele care rămân închise. Transferaţi pe un platou cald şi serviţi presăraţi cu ceapă primăvară.

Midii cu ghimbir

Pentru 4 persoane

45 ml / 3 linguri ulei de arahide
2 catei de usturoi, macinati
4 felii de rădăcină de ghimbir, tocate
1,5 kg / 3 lbs midii, curățate și cu barbă
45 ml / 3 linguri de apă
15 ml/1 lingura sos de stridii

Încinge uleiul și călește usturoiul și ghimbirul timp de 30 de secunde. Adăugați midiile și apa, acoperiți și gătiți aproximativ 6 minute până când scoicile se deschid. Aruncați-le pe cele care rămân închise. Transferați pe un platou cald și serviți stropiți cu sos de stridii.

Midii la abur

Pentru 4 persoane

1,5 kg / 3 lbs midii, curățate și cu barbă
45 ml / 3 linguri de sos de soia
3 cepe de primăvară (cepa), tocate mărunt

Aranjați scoicile pe un grătar într-un cuptor cu abur, acoperiți și fierbeți peste apă clocotită aproximativ 10 minute până când toate scoicile s-au deschis. Aruncați-le pe cele care rămân închise. Transferați pe un platou cald și serviți presărați cu sos de soia și ceapă primăvară.

Stridii prăjite

Pentru 4 persoane

24 de stridii, decojite

sare si piper proaspat macinat

1 ou, batut

50 g / 2 oz / ¬Ω cană făină simplă (toate scopuri)

250 ml / 8 fl oz / 1 cană de apă

uleiul prajit

4 cepe de primăvară (cepa), tocate

Se presară stridiile cu sare şi piper. Bateţi oul cu făina şi apa până obţineţi un aluat şi folosiţi pentru a acoperi stridiile. Încinge uleiul şi prăjeşte stridiile până se rumenesc. Se scurge pe hartie absorbanta si se serveste garnisita cu ceapa primavara.

Stridii cu Bacon

Pentru 4 persoane

175 g de bacon
24 de stridii, decojite
1 ou, batut usor
15 ml / 1 lingura de apa
45 ml / 3 linguri ulei de arahide
2 cepe, tocate
15 ml / 1 lingură făină de porumb (amidon de porumb)
15 ml/1 lingura sos de soia
90 ml / 6 linguri supă de pui

Tăiați slănina în bucăți și înfășurați câte o bucată în jurul fiecărei stridii. Bateți oul cu apa apoi scufundați-l în stridii pentru a se acoperi. Se incinge jumatate din ulei si se prajesc stridiile pana se rumenesc usor pe ambele parti, apoi se scot din tigaie si se scurg de grasime. Se încălzește uleiul rămas și se prăjește ceapa până se înmoaie. Se amestecă făina de porumb, sosul de soia și bulionul într-o pastă, se toarnă în tigaie și se fierbe, amestecând, până când sosul se limpezește și se îngroașă. Se toarnă peste stridii și se servește imediat.

Stridii prăjite cu ghimbir

Pentru 4 persoane

24 de stridii, decojite

2 felii rădăcină de ghimbir, tocată

30 ml/2 linguri de sos de soia

15 ml / 1 lingura vin de orez sau sherry uscat

4 cepe de primăvară (cepa), tăiate fâșii

100 g de bacon

1 ou

50 g / 2 oz / ¬Ω cană făină simplă (toate scopuri)

sare si piper proaspat macinat

uleiul prajit

1 lămâie, tăiată felii

Puneți stridiile într-un castron cu ghimbir, sosul de soia și vinul sau sherry și amestecați bine pentru a acoperi. Se lasa sa se odihneasca 30 de minute. Așezați câteva fâșii de ceapă primăvară deasupra fiecărei stridii. Tăiați slănina în bucăți și înfășurați câte o bucată în jurul fiecărei stridii. Bateți oul și făina într-un aluat și asezonați cu sare și piper. Scufundați stridiile în aluat până când sunt bine acoperite. Încinge uleiul și prăjește stridiile până se rumenesc. Se servesc ornat cu felii de lamaie.

Stridii cu sos de fasole neagră

Pentru 4 persoane

350 g / 12 oz stridii decojite
120 ml / 4 fl oz / ¬Ω cană de ulei de arahide
2 catei de usturoi, macinati
3 cepe de primăvară (cepa), tăiate felii
15 ml / 1 lingura sos de fasole neagra
30 ml / 2 linguri sos de soia închis
15 ml/1 lingura ulei de susan
un praf de praf de chilli

Se fierb stridiile în apă clocotită timp de 30 de secunde, apoi se scurg. Încinge uleiul și căliți usturoiul și ceapa primăvară timp de 30 de secunde. Adaugati sosul de fasole neagra, sosul de soia, uleiul de susan si stridiile si asezonati cu pudra de chili dupa gust. Se prăjește până se încălzește și se servește imediat.

Scoici cu muguri de bambus

Pentru 4 persoane

60 ml / 4 linguri ulei de arahide

6 cepe de primăvară (cepa), tocate

225 g ciuperci, tăiate în sferturi

15 ml/1 lingura de zahar

450 g / 1 lb scoici decojite

2 felii de radacina de ghimbir tocate

225 g / 8 oz muguri de bambus, feliați

sare si piper proaspat macinat

300 ml / ¬Ω pt / 1 ¬° căni de apă

30 ml / 2 linguri de otet de vin

30 ml / 2 linguri faina de porumb (amidon de porumb)

150 ml / ¬° pt / abundent ¬Ω cană de apă

45 ml / 3 linguri de sos de soia

Încinge uleiul și prăjește ceapa primăvara și ciupercile timp de 2 minute. Adăugați zahărul, scoicile, ghimbirul, lăstarii de bambus, sare și piper, acoperiți și gătiți timp de 5 minute. Se adauga apa si otetul de vin, se aduce la fierbere, se acopera si se fierbe 5 minute. Amestecați făina de porumb și apa într-o pastă, amestecați în tigaie și fierbeți, amestecând, până când sosul se îngroașă. Se condimentează cu sos de soia și se servește.

Scoici de ou

Pentru 4 persoane

45 ml / 3 linguri ulei de arahide

350 g scoici decojite

25 g sunca afumata, tocata

30 ml / 2 linguri vin de orez sau sherry uscat

5 ml/1 lingurita de zahar

2,5 ml / ½ linguriță de sare

praf de piper proaspat macinat

2 oua, batute usor

15 ml/1 lingura sos de soia

Încinge uleiul și căliți scoici timp de 30 de secunde. Adăugați șunca și prăjiți timp de 1 minut. Se adauga vinul sau sherry, zaharul, sare si piper si se caleste timp de 1 minut. Adăugați ouăle și amestecați ușor la foc mare până când ingredientele sunt bine acoperite de ou. Se serveste stropita cu sos de soia.

Scoici cu broccoli

Pentru 4 persoane

350 g scoici, feliate

3 felii de rădăcină de ghimbir, tocate

¬Ω morcov mic, feliat

1 cățel de usturoi, zdrobit

45 ml/3 linguri făină simplă (toate scopuri)

2,5 ml/¬Ω lingurita de bicarbonat de sodiu (bicarbonat de sodiu)

30 ml / 2 linguri ulei de arahide

15 ml / 1 lingura de apa

1 banană, feliată

uleiul prajit

275 g de broccoli

sare

5 ml/1 lingurita ulei de susan

2,5 ml / ¬Ω linguriță de sos chili

2,5 ml / ¬Ω linguriță de oțet de vin

2,5 ml / ¬Ω lingurita piure de rosii√ © e (paste)

Se amestecă scoicile cu ghimbirul, morcovul și usturoiul și se lasă să se odihnească. Se amestecă făina, bicarbonatul de sodiu, 15 ml/1 lingură ulei și apa într-o pastă și se folosește pentru a acoperi feliile de banană. Se încălzește uleiul și se prăjește banana până se rumenește, apoi se scurge și se aranjează în jurul unui platou de servire fierbinte. Între timp, gătiți broccoli în apă clocotită cu sare până când se înmoaie, apoi scurgeți. Se încălzește uleiul rămas cu uleiul de susan și se prăjește scurt broccoli, apoi se aranjează în jurul farfurii cu bananele. Adăugați în tigaie sosul de chili, oțetul de vin și pasta de roșii și căliți scoici până când sunt fierte. Se toarnă pe farfuria de servire și se servește imediat.

Scoici cu ghimbir

Pentru 4 persoane

45 ml / 3 linguri ulei de arahide
2,5 ml / ¬Ω linguriță de sare
3 felii de rădăcină de ghimbir, tocate
2 ceapa primavara (cepa), taiata in felii groase
450g / 1lb scoici decojite, tăiate la jumătate
15 ml / 1 lingură făină de porumb (amidon de porumb)
60 ml / 4 linguri apă

Încinge uleiul și prăjește sarea și ghimbirul timp de 30 de secunde. Se adaugă ceapa primăvară și se călește pană se rumenește ușor. Adăugați scoicile și prăjiți timp de 3 minute. Se amestecă făina de porumb și apa într-o pastă, se adaugă în tigaie și se fierbe, amestecând, până se îngroașă. Serviți imediat.

Scoici de șuncă

Pentru 4 persoane

450g / 1lb scoici decojite, tăiate la jumătate

250 ml / 8 fl oz / 1 cană vin de orez sau sherry uscat

1 ceapa, tocata marunt

2 felii rădăcină de ghimbir, tocată

2,5 ml / ¬Ω linguriță de sare

100 g sunca afumata, tocata

Pune scoicile într-un castron și adaugă vinul sau sherry. Acoperiți și lăsați la marinat 30 de minute întorcându-le din când în când, apoi scurgeți scoici și aruncați marinada. Pune scoicile într-o tavă de copt cu ingredientele rămase. Așezați vasul pe un gratar într-un cuptor cu abur, acoperiți și fierbeți la abur peste apa clocotită timp de aproximativ 6 minute, până când scoicile sunt fragede.

Scoici omletă cu ierburi

Pentru 4 persoane

225 g scoici decojite

30 ml / 2 linguri coriandru proaspăt tocat

4 oua batute

15 ml / 1 lingura vin de orez sau sherry uscat

sare si piper proaspat macinat

15 ml/1 lingura ulei de arahide

Puneți scoici într-un cuptor cu abur și fierbeți la abur aproximativ 3 minute până când sunt fierte, în funcție de dimensiune. Scoateți din cuptorul cu abur și stropiți cu coriandru. Bate ouale cu vinul sau sherry si asezoneaza dupa gust cu sare si piper. Se amestecă scoici și coriandru. Încinge uleiul și prăjește amestecul de ouă și scoici, amestecând continuu, până când ouăle se întăresc. Serviți imediat.

Scoici și ceapă sote

Pentru 4 persoane

45 ml / 3 linguri ulei de arahide

1 ceapă, feliată

450 g scoici decojite, tăiate în sferturi
sare si piper proaspat macinat
15 ml / 1 lingura vin de orez sau sherry uscat

Se incinge uleiul si se caleste ceapa pana se inmoaie. Adăugați scoicile și prăjiți până se rumenesc ușor. Asezonați cu sare și piper, stropiți cu vin sau sherry și serviți imediat.

Scoici cu legume

Pentru 4 persoane 6

4 ciuperci chinezești uscate

2 cepe

30 ml / 2 linguri ulei de arahide

3 tulpini de telina, taiate in diagonala

225 g fasole verde, feliată în diagonală

10 ml / 2 lingurițe de rădăcină de ghimbir rasă

1 cățel de usturoi, zdrobit

20 ml / 4 lingurițe făină de porumb (amidon de porumb)

250 ml / 8 fl oz / 1 cană bulion de pui

30 ml / 2 linguri vin de orez sau sherry uscat

30 ml/2 linguri de sos de soia

450 g scoici decojite, tăiate în sferturi

6 cepe de primăvară (cepa), tăiate felii

425 g / 15 oz de știuleți de porumb conservați

Înmuiați ciupercile în apă caldă timp de 30 de minute, apoi scurgeți-le. Scoateți tulpinile și tăiați capacele. Tăiați ceapa în felii și separați straturile. Încinge uleiul și căliți ceapa, țelina, fasolea, ghimbirul și usturoiul timp de 3 minute. Amestecați făina de porumb cu puțin bulion, apoi adăugați bulionul rămas, vin sau sherry și sosul de soia. Adăugați în wok și aduceți la fierbere în timp ce amestecați. Adăugați ciupercile, scoicile, ceapa primăvară și porumbul și prăjiți aproximativ 5 minute până când scoicile sunt fragede.

Scoici cu ardei

Pentru 4 persoane

30 ml / 2 linguri ulei de arahide

3 cepe de primăvară (cepa), tocate

1 cățel de usturoi, zdrobit

2 felii de radacina de ghimbir tocate

2 ardei roșii, tăiați cubulețe

450 g / 1 lb scoici decojite

30 ml / 2 linguri vin de orez sau sherry uscat

15 ml/1 lingura sos de soia

15 ml/1 lingura sos de fasole galbena

5 ml/1 lingurita de zahar

5 ml/1 lingurita ulei de susan

Încinge uleiul și căliți ceapa primăvară, usturoiul și ghimbirul timp de 30 de secunde. Adăugați ardeii și prăjiți timp de 1 minut. Adăugați scoicile și prăjiți timp de 30 de secunde, apoi adăugați ingredientele rămase și gătiți aproximativ 3 minute până când scoicile sunt fragede.

Calamari cu muguri de fasole

Pentru 4 persoane

450 g de calmar

30 ml / 2 linguri ulei de arahide

15 ml / 1 lingura vin de orez sau sherry uscat

100 g muguri de fasole

15 ml/1 lingura sos de soia

sare

1 ardei rosu, tocat

2 felii de rădăcină de ghimbir, mărunțite

2 cepe de primăvară (cepa), tocate

Scoateți capul, măruntaiele și membrana de la calmar și tăiați-le în bucăți mari. Tăiați un model încrucișat pe fiecare bucată. Aduceți o oală cu apă la fiert, adăugați calamarii și fierbeți până când bucățile se rulează, apoi îndepărtați și scurgeți. Încinge jumătate din ulei și călește rapid calmarii. Stropiți cu vin sau sherry. Între timp, încălziți uleiul rămas și prăjiți mugurii de fasole până se înmoaie. Asezonați cu sos de soia și sare. Aranjați ardeiul iute, ghimbirul și ceapa primăvară în jurul unui platou de servire. Stivuiți mugurii de fasole în centru și decorați cu calamari. Serviți imediat.

Calamar prajit

Pentru 4 persoane

50 g făină simplă (toate scopuri)
25 g / 1 oz / ¬° cană făină de porumb (amidon de porumb)
2,5 ml / ¬Ω lingurita praf de copt
2,5 ml / ¬Ω linguriță de sare
1 ou
75 ml / 5 linguri de apă
15 ml/1 lingura ulei de arahide
450 g de calmar, tăiat în inele
uleiul prajit

Se amestecă făina, amidonul de porumb, praful de copt, sarea, oul, apa și uleiul pentru a forma un aluat. Înmuiați calamarii în aluat până când sunt bine acoperiți. Încinge uleiul și prăjește calamarul câteva bucăți pe rând până se rumenește. Scurgeți pe hârtie absorbantă înainte de servire.

Pachete de calmar

Pentru 4 persoane

8 ciuperci chinezești uscate

450 g de calmar

100 g / 4 oz de sunca afumata

100 g de tofu

1 ou, batut

15 ml/1 lingură făină simplă (toate scopuri)

2,5 ml / ¬Ω linguriță de zahăr

2,5 ml / ¬Ω linguriță de ulei de susan

sare si piper proaspat macinat

8 piei wonton

uleiul prajit

Înmuiați ciupercile în apă caldă timp de 30 de minute, apoi scurgeți-le. Scoateți tulpinile. Curățați calmarii și tăiați-i în 8 bucăți. Tăiați șunca și tofu în 8 bucăți. Pune-le pe toate într-un singur bol. Amesteca oul cu faina, zaharul, uleiul de susan, sare si piper. Turnați ingredientele în bol și amestecați ușor. Aranjați o pălărie cu ciuperci și câte o bucată de calamari, șuncă și tofu, chiar sub centrul fiecărei coaje wonton. Îndoiți colțul de jos, îndoiți părțile laterale, apoi rulați-l, umezind marginile cu apă pentru a sigila. Încinge uleiul și prăjește mănunchiurile timp de aproximativ 8 minute până se rumenesc. Scurgeți bine înainte de servire.

Rulouri de calmar prăjit

Pentru 4 persoane

45 ml / 3 linguri ulei de arahide

225 g / 8 oz inele de calamari

1 ardei verde mare, tăiat în bucăți

100 g / 4 oz muguri de bambus, feliați

2 cepe de primăvară (cepa), tocate mărunt

1 felie radacina de ghimbir, tocata marunt

45 ml / 2 linguri de sos de soia

30 ml / 2 linguri vin de orez sau sherry uscat

15 ml / 1 lingură făină de porumb (amidon de porumb)

15 ml / 1 lingura supa de peste sau apa

5 ml/1 lingurita de zahar

5 ml/1 linguriță de oțet de vin

5 ml/1 lingurita ulei de susan

sare si piper proaspat macinat

Încălziți 15 ml/1 lingură de ulei și prăjiți rapid inelele de calmar până se etanșează bine. Între timp, încălziți uleiul rămas într-o tigaie separată și căleți ardeiul gras, lăstarii de bambus, ceapa primăvară și ghimbirul timp de 2 minute. Adăugați calamarii și prăjiți timp de 1 minut. Adăugați sosul de soia, vinul sau sherry, mălaiul, bulionul, zahărul, oțetul de vin și uleiul de susan și asezonați cu sare și piper. Se prăjește până când sosul se limpezește și se îngroașă.

Calamar prajit

Pentru 4 persoane

45 ml / 3 linguri ulei de arahide
3 cepe de primăvară (cepa), tăiate în felii groase
2 felii rădăcină de ghimbir, tocată
450 g de calmar, tăiat în bucăți
15 ml/1 lingura sos de soia
15 ml / 1 lingura vin de orez sau sherry uscat
5 ml / 1 lingurita faina de porumb (amidon de porumb)
15 ml / 1 lingura de apa

Încinge uleiul și prăjește ceapa primăvară și ghimbirul până se înmoaie. Adăugați calamarii și prăjiți până când sunt acoperiți cu ulei. Adăugați sosul de soia și vinul sau sherry, acoperiți și fierbeți timp de 2 minute. Amestecați făina de porumb și apa într-o pastă, adăugați-o în tigaie și fierbeți, amestecând, până când sosul se îngroașă și calamarii sunt fragezi.

Calamari cu ciuperci uscate

Pentru 4 persoane

50 g / 2 oz de ciuperci chinezești uscate
450 g/1 lb inele de calamari
45 ml / 3 linguri ulei de arahide
45 ml / 3 linguri de sos de soia
2 cepe de primăvară (cepa), tocate mărunt
1 felie de rădăcină de ghimbir, tocată
225 g / 8 oz muguri de bambus, tăiați în fâșii
30 ml / 2 linguri faina de porumb (amidon de porumb)
150 ml / ¬° pt / ¬Ω cană generoasă de bulion de pește

Înmuiați ciupercile în apă caldă timp de 30 de minute, apoi scurgeți-le. Aruncați tulpinile și tăiați capacele. Se fierb inelele de calmar pentru cateva secunde in apa clocotita. Se încălzește uleiul, apoi se amestecă ciupercile, sosul de soia, ceapa primăvară și ghimbirul și se prăjesc timp de 2 minute. Adăugați calamarii și lăstarii de bambus și prăjiți timp de 2 minute. Amestecați făina de porumb și supa și amestecați în tigaie. Se fierbe, amestecând, până când sosul se limpezește și se îngroașă.

Calamari cu legume

Pentru 4 persoane

45 ml / 3 linguri ulei de arahide

1 ceapă, feliată

5ml/1 lingurita sare

450 g de calmar, tăiat în bucăți

100 g / 4 oz muguri de bambus, feliați

2 tulpini de telina, taiate in diagonala

60 ml / 4 linguri supă de pui

5 ml/1 lingurita de zahar

100 g / 4 oz mangetout (mazăre de zăpadă)

5 ml / 1 lingurita faina de porumb (amidon de porumb)

15 ml / 1 lingura de apa

Se incinge uleiul si se caleste ceapa si sarea pana se rumenesc usor. Adăugați calamarii și prăjiți până când sunt acoperiți cu ulei. Adăugați lăstarii de bambus și țelina și prăjiți timp de 3 minute. Adăugați bulionul și zahărul, aduceți la fierbere, acoperiți și fierbeți timp de 3 minute până când legumele sunt doar fragede. Se amestecă mazărea de zăpadă. Amestecați făina de porumb și apa într-o pastă, amestecați în tigaie și fierbeți, amestecând, până când sosul se îngroașă.

Carne de vită înăbușită cu anason

Pentru 4 persoane

30 ml / 2 linguri ulei de arahide
450 g / 1 lb friptură de mandrină
1 cățel de usturoi, zdrobit
45 ml / 3 linguri de sos de soia
15 ml / 1 lingura de apa
15 ml / 1 lingura vin de orez sau sherry uscat
5ml/1 lingurita sare
5 ml/1 lingurita de zahar
2 cuișoare de anason stelat

Încinge uleiul și prăjește carnea până se rumenește pe toate părțile. Adăugați ingredientele rămase, aduceți la fierbere, acoperiți și fierbeți aproximativ 45 de minute, apoi întoarceți carnea, adăugând puțină apă și sos de soia dacă carnea se usucă. Mai fierbeți încă 45 de minute până când carnea este fragedă. Aruncați anasonul stelat înainte de servire.

Carne de vită cu sparanghel

Pentru 4 persoane

450 g carne de vită, tăiată cubulețe
30 ml/2 linguri de sos de soia
30 ml / 2 linguri vin de orez sau sherry uscat
45 ml / 3 linguri faina de porumb (amidon de porumb)
45 ml / 3 linguri ulei de arahide
5ml/1 lingurita sare
1 cățel de usturoi, zdrobit
350 g / 12 oz vârfuri de sparanghel
120 ml / 4 fl oz / ¬Ω cană bulion de pui
15 ml/1 lingura sos de soia

Pune friptura într-un castron. Amestecați sosul de soia, vinul sau sherry și 30 ml/2 linguri de porumb, turnați peste friptură și amestecați bine. Se lasă la marinat 30 de minute. Se incinge uleiul cu sarea si usturoiul si se prajesc pana se rumeneste usor usturoiul. Adăugați carnea de vită și marinata și prăjiți timp de 4 minute. Se adauga sparanghelul si se caleste timp de 2 minute. Adăugați bulionul și sosul de soia, aduceți la fiert și fierbeți, amestecând timp de 3 minute, până când carnea este gătită. Amestecați făina de porumb rămasă cu puțină apă sau bulion și amestecați-o în sos. Se fierbe, amestecând, câteva minute până când sosul se limpezește și se îngroașă.

Carne de vită cu muguri de bambus

Pentru 4 persoane

45 ml / 3 linguri ulei de arahide
1 cățel de usturoi, zdrobit
1 ceapă de primăvară (ceapă), tocată
1 felie de rădăcină de ghimbir, tocată
225 g carne slabă de vită, tăiată fâșii
100 g / 4 oz de muguri de bambus
45 ml / 3 linguri de sos de soia
15 ml / 1 lingura vin de orez sau sherry uscat
5 ml / 1 lingurita faina de porumb (amidon de porumb)

Se incinge uleiul si se calesc usturoiul, ceapa primavara si ghimbirul pana se rumenesc usor. Se adauga carnea de vita si se caleste timp de 4 minute pana se rumeneste usor. Adăugați lăstarii de bambus și prăjiți timp de 3 minute. Adăugați sosul de soia, vinul sau sherry și făina de porumb și prăjiți timp de 4 minute.

Carne de vită cu muguri de bambus și ciuperci

Pentru 4 persoane

225 g carne slabă de vită
45 ml / 3 linguri ulei de arahide
1 felie de rădăcină de ghimbir, tocată
100 g / 4 oz muguri de bambus, feliați
100 g ciuperci, feliate
45 ml / 3 linguri vin de orez sau sherry uscat
5 ml/1 lingurita de zahar
10 ml/2 lingurițe de sos de soia
sare si piper
120 ml / 4 fl oz / ¬Ω cană bulion de vită
15 ml / 1 lingură făină de porumb (amidon de porumb)
30 ml / 2 linguri de apă

Tăiați carnea subțire împotriva bobului. Încinge uleiul și prăjește ghimbirul pentru câteva secunde. Adăugați carnea de vită și prăjiți până se rumenește. Adăugați lăstarii de bambus și ciupercile și prăjiți timp de 1 minut. Adăugați vinul sau sherry, zahărul și sosul de soia și asezonați cu sare și piper. Se amestecă bulionul, se aduce la fierbere, se acoperă și se fierbe timp de 3 minute. Amestecați făina de porumb și apa, amestecați în tigaie și fierbeți, amestecând, până când sosul se îngroașă.

Carne de vită chinezească la fiert

Pentru 4 persoane

45 ml / 3 linguri ulei de arahide

900 g / 2 lb friptură de mandrină

1 ceapă primăvară (ceapă), tăiată felii

1 catel de usturoi, tocat

1 felie de rădăcină de ghimbir, tocată

60 ml/4 linguri de sos de soia

30 ml / 2 linguri vin de orez sau sherry uscat

5 ml/1 lingurita de zahar

5ml/1 lingurita sare

praf de piper

750 ml / punctul 1 / 3 căni de apă clocotită

Încinge uleiul și rumenește rapid carnea pe toate părțile. Adăugați ceapa primăvară, usturoiul, ghimbirul, sosul de soia, vinul sau sherry, zahărul, sare și piper. Aduceți la fierbere în timp ce amestecați. Adăugați apa clocotită, aduceți din nou la fierbere amestecând, apoi acoperiți și fierbeți timp de aproximativ 2 ore până când carnea este fragedă.

Carne de vită cu muguri de fasole

Pentru 4 persoane

450 g carne slabă de vită, feliată

1 albus de ou

30 ml / 2 linguri ulei de arahide

15 ml / 1 lingură făină de porumb (amidon de porumb)

15 ml/1 lingura sos de soia

100 g muguri de fasole

25 g varză murată, mărunțită

1 ardei rosu, tocat

2 cepe de primăvară (cepa), tocate

2 felii de rădăcină de ghimbir, mărunțite

sare

5 ml/1 lingurita sos de stridii

5 ml/1 lingurita ulei de susan

Amestecați carnea de vită cu albușul, jumătate de ulei, amidonul de porumb și sosul de soia și lăsați să se odihnească 30 de minute. Se albesc mugurii de fasole în apă clocotită timp de aproximativ 8 minute până când sunt aproape fragezi, apoi se scurg. Se încălzește uleiul rămas și se prăjește carnea de vită până se rumenește ușor, apoi se scoate din tigaie. Se adauga varza, ardeiul rosu, ghimbirul, sarea, sosul de stridii si uleiul de susan si se caleste timp de 2 minute. Adăugați mugurii de fasole și prăjiți timp de 2 minute. Întoarceți carnea de vită în tigaie și prăjiți până se amestecă bine și se încălzește. Serviți imediat.

Carne de vită cu broccoli

Pentru 4 persoane

450 g / 1 lb friptură de crup, feliată subțire

30 ml / 2 linguri faina de porumb (amidon de porumb)

15 ml / 1 lingura vin de orez sau sherry uscat

15 ml/1 lingura sos de soia

30 ml / 2 linguri ulei de arahide

5ml/1 lingurita sare

1 cățel de usturoi, zdrobit

225 g buchete de broccoli

150 ml / ¬° pt / ¬Ω cană generoasă de supă de vită

Pune friptura într-un castron. Se amestecă 15 ml / 1 lingură făină de porumb cu vinul sau sherry și sosul de soia, se amestecă carnea de vită și se lasă la marinat timp de 30 de minute. Se incinge uleiul cu sarea si usturoiul si se prajesc pana se rumeneste usor usturoiul. Adăugați friptura și marinada și prăjiți timp de 4 minute. Adăugați broccoli și prăjiți timp de 3 minute. Adăugați bulionul, aduceți la fierbere, acoperiți și fierbeți timp de 5 minute până când broccoli este doar fraged, dar încă crocant. Amestecați făina de porumb rămasă cu puțină apă și amestecați-o în sos. Se fierbe, amestecând până când sosul se limpezește și se îngroașă.

Carne de susan cu broccoli

Pentru 4 persoane

150 g carne slabă de vită, feliată subțire
2,5 ml / ½ lingurita de sos de stridii
5 ml / 1 lingurita faina de porumb (amidon de porumb)
5 ml/1 lingurita otet de vin alb
60 ml / 4 linguri ulei de arahide
100 g / 4 oz buchete de broccoli
5 ml/1 lingurita sos de peste
2,5 ml / ½ lingurita de sos de soia
250 ml / 8 fl oz / 1 cană bulion de vită
30 ml / 2 linguri de seminte de susan

Marinați carnea în sosul de stridii, 2,5 ml/½ linguriță făină de porumb, 2,5 ml/½ linguriță oțet de vin și 15 ml/½ linguriță ulei timp de 1 oră.

Intre timp se incinge 15 ml/1 lingura de ulei, se adauga broccoli, 2,5 ml/½ sos de peste, sosul de soia si otetul de vin ramas si se acopera cu apa clocotita. Se fierbe aproximativ 10 minute până se înmoaie.

Se încălzește 30 ml/2 linguri de ulei într-o tigaie separată și se călește carnea de vită pentru scurt timp până se etanșează bine.

Adăugați bulionul, făina de porumb rămasă și sosul de pește, aduceți la fierbere, acoperiți și fierbeți aproximativ 10 minute până când carnea este fragedă. Scurgeți broccoli și aranjați-i pe un platou cald de servire. Se pune carnea deasupra si se presara generos cu seminte de susan.

Carne de vită la grătar

Pentru 4 persoane

450 g friptură slabă, feliată
60 ml/4 linguri de sos de soia
2 catei de usturoi, macinati
5ml/1 lingurita sare
2,5 ml / ¬Ω linguriță de piper proaspăt măcinat
10 ml / 2 lingurițe de zahăr

Se amestecă toate ingredientele și se lasă la marinat timp de 3 ore. Fă la grătar sau la grătar pe un grătar încins timp de aproximativ 5 minute pe fiecare parte.

www.ingramcontent.com/pod-product-compliance
Lightning Source LLC
Chambersburg PA
CBHW050343120526
44590CB00015B/1546